JN273070

21世紀の福祉国家と地域　1

福祉国家と地域と高齢化

［改訂版］

渋谷博史 著

学文社

はじめに

　20世紀後半に福祉国家を構築できたのは，長期的に持続する経済成長による「豊かな社会」のなかで，高齢化がそれほど進んでいなかったという好条件の故であった。21世紀の日本は，高齢化の内圧とグローバル化の外圧がいっそう強まることを覚悟しなければならない。一方で高齢者の数が急速に増加することで，年金や医療や介護や老人福祉の給付やサービス需要が膨張するが，他方では文字どおりの地球規模のグローバル化が進展するプロセスで中国等の製造業との競争が激化して日本の経済余力が減少する。

　その結果，20世紀の寛大な福祉国家をスリム化することが要請される。さらに国際競争の激化によって，現役世代にとっても全体の所得水準が低下するだけではなく経済格差も拡大して，雇用政策や生活保護等のセーフティネットの必要性も高まることが予想される。現役世代の経済的な不安は人口の少子化傾向を強めるので，少子化対策（児童手当，保育サービス，安心な出産と育児の対策）の拡充も強く求められるはずである。

　21世紀において，日本の福祉国家について再編，合理化，効率化を必要とされるので，このような状況について基本的な知識や考え方を提示することを目的として，新シリーズ「21世紀の福祉国家と地域」をスタートするのであり，その第1巻が，本書『福祉国家と地域と高齢化』である。

　新シリーズ「21世紀の福祉国家と地域」は，前シリーズ「福祉国家と地域」の成果を継承しながら，21世紀的な状況をいっそう明確に意識して，日本の福祉国家と地域社会について分析・検討す

るものである。

　2005年に前シリーズをスタートした時に，その第1巻で次のように述べている。「本書は，大学で社会福祉や福祉国家や財政学を教えている数人の仲間が，共同で執筆したものである。教室やゼミ室で若い諸君と，日本の医療や介護や年金や生活保護について勉強した経験から，あるいは自分たちが学生であった頃を思い出してみても，基礎的な制度や仕組みについての解説は退屈なものである。しかし，その基礎的な知識がないと，全体の構造や社会的意味を理解できないし，また，現実に自分や家族に社会福祉の必要が生じたときにも困るのである。できるだけわかりやすく説明して，実際の生活や人生とどのようにかかわるのかを知ってもらうということが，私たち執筆者の願いである」(214頁)。

　新シリーズ「21世紀の福祉国家と地域」でも，前シリーズと同様に，日本の福祉国家や地域社会に関する基礎的なことをできるだけわかりやすく説明することに努めたい。

　この第1巻『福祉国家と地域と高齢化』では，21世紀の福祉国家と地域社会の変革を考察するのに，第1の条件である人口高齢化傾向がベビーブーム世代の退職後に一挙に進むことに焦点を置いたが，続いて刊行される第2巻『グローバル化と福祉国家と地域』では，第2の条件であるグローバル化の過程で，日本の経済社会が工業や農業という基盤の部分において空洞化することに着目した。

　合わせて読んでもらって，地球規模の大きな視野のなかで日本の福祉国家の再編と地域社会の再構築に役立ててくれることを，切に願う次第である。

もくじ

はじめに　　i

第1章　21世紀の市場社会と福祉国家　　1

1.1　市場と民主主義の経済社会に内蔵される福祉国家　　1
1.2　20世紀の大きな歴史の流れ　　2
1.3　日本国憲法と福祉国家　　5
1.4　『日本列島改造論』の光と影　　7
1.5　高齢化率と後期高齢者　　13
1.6　20世紀システムからの転換の要請　　19
1.7　政府部門の全体像　　20
1.8　社会保障システムの全体像　　24

第2章　年金システム　　29

2.1　20世紀の立上げから21世紀の定着へ　　29
2.2　年金システムの全体像　　34
2.3　国民年金　　35
2.4　厚生年金　　40
2.5　年金システムの問題点　　41

第3章　医療保険　　50

3.1　高齢社会の深化　　52
3.2　高齢化と一人当たり医療費　　53
3.3　国民医療費の膨張　　57
3.4　医療保険システムの構造　　60
3.5　21世紀の医療と地方分権　　72

第4章　介護保険　　74

4.1　高齢世帯と介護　　74

4.2	制度の枠組み	76
4.3	財政システム	85
4.4	介護保険の膨張圧力	87

第5章 広義の社会福祉　　91

5.1	社会保障と社会保険と社会福祉	91
5.2	広義の社会福祉	93
5.3	生活保護	96
5.4	社会福祉（狭義）	107
5.4.1	障害者福祉	107
5.4.2	児童福祉	114

第6章 福祉国家における地方財政　　121

6.1	地方公共団体と住民の福祉	121
6.2	福祉国家の現場：八王子市を事例に	122
6.3	福祉国家と政府間財政関係	129
6.3.1	市町村の歳入	130
6.3.2	市町村の歳出	132
6.3.3	都道府県の歳入	138
6.3.4	都道府県の歳出	139
6.4	地域格差と財政調整と地方分権	142

あとがき	152
引用・参考文献	157
索　引	159

福祉国家と地域と高齢化 [改訂版]

第1章　21世紀の市場社会と福祉国家

1.1　市場と民主主義の経済社会に内蔵される福祉国家

　福祉国家を考えるときに，年金や医療保険や介護保険や公的扶助という個別分野だけに視野を限定するべきではない。福祉国家はそれらを主たる政策手段として，市場経済に本来的に存在するさまざまな社会的あるいは人間的「痛み」を緩和することを目的としている。

　逆からみれば，市場経済は自らの発展に必然的に内在する「痛み」を緩和するために福祉国家を必要としている。それゆえに，市場経済の側から，福祉国家を賄うための費用を租税や社会保険料の形で負担が行われるのである。

　すなわち，福祉国家とは，市場と民主主義の経済社会に内蔵される存在である。福祉国家を賄う財源である租税や社会保険料は，基本的には，市場経済のなかで「稼ぐ労働報酬や利潤」を基盤として，負担される。

　そして，納税者等の費用負担者が，その福祉国家を賄うための負担を受容するのは，民主主義的な政治プロセスにおいてである。市場経済も福祉国家を必要としているので，費用負担者はその福祉国家の費用を負担することを，民主主義メカニズムを通して受容するのである。

　20世紀の現代史の大きな流れのなかに位置づけると，市場と民

主主義の経済社会が，社会主義やファシズムという経済社会システムに対抗して，自らの優越性を主張するには，市場経済の爆発的な発展力だけではなく，その成果の一部を使って，市場経済の発展力の影の部分である社会的あるいは人間的な「痛み」を緩和する福祉国家を内蔵していることも重要であり，しかも，その福祉国家やその費用負担の在り方である税制について民主主義的で透明性の高い政策選択と運営のプロセスも，もう一つの重要なファクターである。

そして，のちに詳しく述べるように，「市場と民主主義の経済社会に福祉国家が内蔵される経済社会システム」が勝利するための前提条件は，市場経済の有する爆発的な発展力であり，長期的に持続した経済成長による，いわゆる「右肩上がり」の経済社会状況であった。国民経済の規模も，労働者数も，個人所得も右肩上がりに増加し，物価も上昇するがその物価上昇分を割り引いた実質価値ベースにおいても経済規模も個人所得も上昇するという経済状況である。

本章で提示する福祉国家を考える切り口は，第1に福祉国家を地域社会のなかで考察して，現実的な人間社会で具体的にいかなる役割を果たすのかという問題意識であるが，他方で第2に，21世紀初頭の現時点で福祉国家も地域社会も大きな転換を迫られている状況を，20世紀からの百年間の現代史の大きな流れの上に位置づけてみるという視点も大事にしたい。

1.2　20世紀の大きな歴史の流れ

21世紀日本の福祉国家と社会保障を考える際に前提となる最重要な知識は，昭和の時代の歴史の流れである。次節でみるように，20世紀後半の平和と経済成長と「豊かな社会」は，20世紀前半に

おける悲劇的な戦争への反省の上に成り立っているが，ここではまず，一人ひとりの国民の目線のレベルからみることから始めよう。

　岡本祐三は，名著『高齢者医療と福祉』(1996) のなかで以下のように述べている（17～21 頁）。

> 　かつて親孝行が最大の徳目であった時代，「親孝行，したい時には親はなし」と教えられたものである。…この時代には，多くの日本の子どもたちはあまり親孝行しなくてもよかったのではないか。……したくても多くの場合できなかったのではないか。
> 　たとえば，法律（旧民法）で親の扶養を子ども（とくに長子）に強固に義務付けていた大正期（1920 年ごろ）……じっさいには短命，長命といろいろとバラツキはあるわけだが，統計的な平均値からいうと，40 歳前後で子どもは親と死別する。……そして親孝行の主体は経済的な扶養……であって，長期にわたる介護の苦労はなかった。

さらに岡本氏は，戦後日本社会が落ち着き始めた昭和 30 年代（1955～64 年）の状況を具体的に描写している（28～30 頁）。

> 　いまだ日本が充分に工業化しておらず，戦前の家族制度を色濃く残していた時代の様子をみよう。昭和 30 年代といえば，日本の産業構造が変わりはじめ，就労人口の割合としては第 1 次産業（農林水産業）の従事者がようやく減り始めるころだが，まだ半数近くが第 1 次産業に従事しており，高度経済成長以前の時代である。
> 　この頃の高齢者は重い病気になっても，都市部でさえも病院に入院するということは，ほとんどなかったから，多くの高齢者は数日から数週間自宅で床について亡くなった。

そして岡本氏は，高度成長以降における「豊かな社会」の状況の変化について以下のように述べている（19 頁）。

今日，経済的扶養は社会連帯による年金制度によって，子ども世代の負担はおおいに軽減されたが，代わって老親の長期間にわたる介護問題が登場した。

　1991年のライフサイクルでみてみよう。平均寿命をもとにすると，長子は47.3歳で父親と，55.4歳で母親と死別する。母親の場合，死別する時期は大正期より17年間も遅くなっている。……いまや「親孝行」は「親がうんと年をとって弱ってから介護すること」に内容が一変する。そして子ども自身も老いてから，しかも長期間の「老老介護」。この「親孝行」の中身の違いは，とてつもなく大きい。

　少し補足すると，現代の「老老介護」が，まず老いた母親（あるいは父親）による父親（あるいは母親）の介護に始まり，その母親（あるいは父親）がくたびれると，子ども世代に負担の多くが移行し，場合によっては遠距離介護という辛い「親孝行」もみられる。

　この岡本氏による1990年代の状況から現在（2010年代）までにさまざまな変化があったが，ここでは3つ指摘しておきたい。第1は一層の人口高齢化と人口減少，第2は介護保険の創設，第3は21世紀的なグローバル化の下での日本経済の衰えである。

　第1の人口の推移については，本章第5節で図表1.5.1を使って詳しく検討するように，高齢者が1990年に1,489万人であったのが2010年には2,925万人へと2倍近く増加し，その人口に占める割合（高齢化率）も12.0％から22.8％に高まっている。さらに後期高齢者（75歳以上）も597万人（比率4.8％）から1,407万人（11.0％）に増加しており，本書では高齢社会の深化と名付けたい。

　第2の介護保険の創設については，第4章で詳しくみるように，岡本氏の描写したような社会状況を受けて，1997年に介護保険法が成立し，2000年から実施された。戦後日本の福祉国家という仕

組み,あるいは社会保障の諸制度は総じてうまく設計され,運営されるが,とりわけて介護保険がスムーズに実施されたことは注目される。

第3のグローバル化と日本経済の衰えという要因を取り上げるのは,岡本氏が指摘する「長い老後」の期間が生じたのは,第2次大戦の長期の「右肩上がりの経済成長」がもたらした「豊かな社会」の故であるが,その好条件が急速に喪失され,21世紀的な状況のなかで20世紀的な福祉国家の再編が求められるからである。

次に節をあらためて,以上みた大きな歴史の流れのなかで戦後日本の福祉国家の本質的な構造を決定した日本国憲法について考えてみよう。

1.3 日本国憲法と福祉国家

さて1.2でみつめたことを,社会科学のセンスで考えてみよう。[*]

20世紀の日本は国家目標を掲げて国民全体でその実現に邁進してきた。前半は,欧米列強に対抗して日本帝国を発展させようとして,大きな戦争に参加して徹底的に敗北してしまった。そして後半では,その敗北と破壊から立ち直ることから始めて,平和で「豊かな社会」を目標として,国民全体が一生懸命に働いた。

第2次大戦での不幸な敗北を踏まえて,以下の決意表明で始まる憲法に基づいて日本は平和国家としての再建を目指した。

「日本国民は,正当に選挙された国会における代表者を通じて行動し,われらとわれらの子孫のために,諸国民との協和による成果と,

---

[*] 本節「日本国憲法と福祉国家」は,渋谷博史編(2008)『日本の福祉国家財政』学文社,第1章のなかの該当部分に加筆修正したものである。

わが国全土にわたつて自由のもたらす恵沢を確保し，政府の行為によつて再び戦争の惨禍が起ることのないやうにすることを決意し，ここに主権が国民に存することを宣言し，この憲法を確定する。そもそも国政は，国民の厳粛な信託によるものであつて，その権威は国民に由来し，その権力は国民の代表者がこれを行使し，その福利は国民がこれを享受する。これは人類普遍の原理であり，この憲法は，かかる原理に基くものである。われらは，これに反する一切の憲法，法令及び詔勅を排除する。」

日本社会の在り方を第一義的に規定する日本国憲法は，単なる抽象的な論理ではなく，20世紀の現代史の悲劇的な過程を前提としており，この序文の冒頭に掲げられているように，第2次大戦の反省の上に立って，日本社会を再建することを現実的な目的としており，ここで検討する20世紀後半に構築された日本の福祉国家も，その目的に向かうための政策手段であった。

第2次大戦から戦後復興，経済成長の時代へという現代史の流れのなかで一生懸命の勤労によって「豊かな社会」が形成され，その一環として福祉国家も構築されたのである。

福祉国家と勤労について，重要な規定が日本国憲法の第25〜27条にあり，それが，戦後日本の福祉国家における根本的な理念をなしている。

第25条 すべて国民は，健康で文化的な最低限度の生活を営む権利を有する。②国は，すべての生活部面について，社会福祉，社会保障及び公衆衛生の向上及び増進に努めなければならない。

第26条 すべて国民は，法律の定めるところにより，その能力に応じて，ひとしく教育を受ける権利を有する。②すべて国民は，法律の定めるところにより，その保護する子女に普通教育を受けさせる

義務を負ふ。義務教育は，これを無償とする。
第 27 条　すべて国民は，勤労の権利を有し，義務を負ふ。②賃金，就業時間，休息その他の勤労条件に関する基準は，法律でこれを定める。③児童は，これを酷使してはならない。

すなわち，国民は「健康で文化的な最低限度の生活を営む権利」（第 25 条）を有すると同時に，教育（第 26 条）と勤労（第 27 条）の権利と義務を負うのである。

しかし，この権利と義務を実現するには，憲法に書き込めば済むわけではない。戦後の経済成長のなかで，国民は，権利であるとともに義務である勤労を実現するための就労機会を獲得し，その勤労者の所得と納税によって福祉国家や教育が賄われた。

すなわち，「健康で文化的な最低限度の生活」を実現するには，経済成長が最重要な条件であった。その経済成長は，日本列島における大きな構造変化を伴うものであった。節を改めて，その構造変化を伴う経済成長について検討しよう。

1.4　『日本列島改造論』の光と影

ここで取り上げる『日本列島改造論』（1972，日刊工業新聞社）の著者である田中角栄が総理大臣を務めたのは 1972 年 7 月から 1974 年 12 月であり，それは，戦後の世界史の転換点であり，同時に日本の経済社会にとっても大きな選択の時期であった。

田中角栄が政権につく直前の 1972 年 6 月に刊行された本書は，当時の国際状況の変化のなかで日本がいかに対応すべきかを示したものであり，一読に値する。一方で自由主義陣営のリーダーであるアメリカがベトナム戦争の泥沼に足を取られて指導力を低下させる

が，他方で社会主義陣営のなかではソ連と中国の対立が表面化して，アメリカのニクソン大統領の電撃的な訪中によって米中の国交が回復するという国際情勢の変化のもとで，田中の率いる自民党政権は以下のような方向を選択した。

> （対外面では：引用者）「戦後25年間，一貫してきた平和国家の生き方を堅持」しつつ，……（対内面では：引用者）「これまでの生産第一主義，輸出一本ヤリの政策」から，「国民のための福祉を中心にすえて，社会資本ストックの建設，先進国なみの社会保障水準の向上などバランスの取れた国民経済の成長を図ることである」政策に転換するというのである（23~24頁）。

すなわち，それまでの米ソの二極対立構造から米中接近というニクソン政権による大きな政策転換にみられるように，戦後冷戦構造が変化するなかで，日本は対外面では，従来からのパクス・アメリカーナの傘のもとに安住しながら，これまで蓄積した経済力を使って一段高い「豊かな社会」に移行し，その重要な一環として国内の福祉国家の拡充と社会資本の整備を進めるというのである。

そして，そのような政策転換の背景として，それまでの「生産第一主義，輸出一本ヤリの政策」による社会矛盾が指摘されている。

> （昭和：引用者）40年代の高度成長を通じて，産業や人口の都市集中がいっそうすすみ，過密や過疎の弊害が激化するようになった（32頁）。

> 地方における人口の減少のおもな原因は，農業人口の二次，三次産業への移動である。…農家が農業所得だけではもはや暮らせない，という現実がここに示されている。東北，北陸の米作単作地帯を中心に全国的に広まっている農村の出稼ぎ問題は，このような理由によるものである（56頁）。

人口と産業の大都市集中は，繁栄する今日の日本をつくりあげる原動力であった。しかし，この巨大な流れは，同時に，大都市の二間のアパートだけを故郷にする人びとを輩出させ，地方から若者の姿を消し，いなかに年寄りと重労働に苦しむ主婦を取り残す結果となった。このような社会から民族の百年を切りひらくエネルギーは生まれない（216頁）。

これまでの経済成長はたしかに日本全体の経済力を高めたが，他方では，大都市地域への人口集中によって過密を生むとともに，地方の過疎問題や格差問題を激化させたのである。田中角栄は，その同時解消の決め手として，工業の再配置を提起した。

　過密と公害を克服し，住みよく豊かな社会をつくるためには，工業の再配置，過密都市の再開発，道路，下水道など社会資本の充実，公害撲滅技術の早期開発などが必要である（64頁）。

　このような積極財政は，…経済の高成長をうながす道にもなる。公共投資の拡大や所得の再配分によって直接的に需要を増加するというだけではなく，それに付随する経済効果が大きいからである。鉄道や道路の整備によって土地の供給が増え，住宅建設が進む可能性がでてくる。社会保障が拡充されて人びとに老後の不安がなくなれば，増加する所得を使って豊かな消費生活が楽しめるようになる。公害防止，住宅，交通，教育，医療などにたいする新技術の応用が盛んになれば，知識集約型産業の次の発展をうながすことになる。成長活用型の経済運営は「福祉が成長を生み，成長が福祉を約束する」という好循環を作る（72頁）。

　私のいう工業再配置は，太平洋ベルト地帯への工業立地の流れをくいとめ，さらに超過密都市から地方に向けて工業を積極的に移転させるところに新しいねらいがある。都市機能の一部である工業生産を東京，大阪などから追出し，これを全国的な視野に立って再配分するわけである。この二次産業の地方分散を呼び水にして三次産業を各地域

コラム1

　時代はオイルショックの直前の1972年である。石崎精一（井川比佐志）は瀬戸内海の小さな島で大和丸という20トン足らずの小さな石船を操縦する船長であった。機関長は妻である民子（倍賞千恵子）であり，夫婦二人で，島の石切り場から石を広島の埋立地に運んで生計を立てていた。

　大和丸のエンジンの調子が悪くなったので，船大工のところに持ち込んで相談したが100万円を超す修理費に，修理をするのか買い換えるのか迷うのである。しかし，「時代の流れ」は，重厚長大による生産力の爆発的な増大を背景として「大きなもの」にすべてが飲み込まれるというものであった。石崎一家にとって具体的には，競争相手の船が300トンや500トンへと大型化し，また道路や橋の整備が進んだためにトラック輸送も可能となり，効率性と運賃競争で不利になっており，そういう状況下で借金をしてまで修理を繰り返すことも船を買い換えることも困難になっていた。

　映像の表現力は素晴らしく，朝，昼，夕方の瀬戸内海は美しく，後述の石崎船長の台詞が効果的になるように，何度も繰り返し映し出される。悩む石崎船長を囲んで親族会議が開催され，船長は，「わしが何をして食うか，わしが決めることだ」と言い放つが，結局，石船の仕事を捨てて，尾道の造船所で働くことを自分で決断するしかなかった。戦後日本の経済成長のもとで，全国で見られた光景であり，先祖伝来の家業から離れて都市部の労働者になるための挙家離村である。

　尾道の造船所に見学に出かけるが，出された条件は，大企業の造船所の下請企業における臨時工からのスタートであり，日給が2400円であった。その帰りにレストランでステーキを食べる場面があり，船長は「うまいのう」としみじみという。それは，美しい島の食生活が瀬戸内海で取れる魚中心であるのに対して，経済成長による都市部における「豊かな社会」の食生活が肉中心のアメリカ的なものに転換することを表現している。

　ここからいよいよ映画の山場に向かうのである。石船の最後の仕事として，広島の埋立地に石を運んだ帰りに，浜辺で廃船になった近所

山田洋次監督の映画「故郷」

の石船が焼かれているのを見たとき，石崎船長が次のような台詞を言う。これが，山田洋次監督のキーメッセージでもある。

「大きなものとは何なのか？」「皆は，時代の流れとか，大きなものとかには勝てないという」「この好きな海でわしの好きな仕事を続けられないのか？」

「時代の流れ」とは，戦後日本の経済成長によって産業構造が重厚長大型となり，それに合わせて労働人口が工場の集まる都市部に集中して，農業や自営業から，雇用される労働者に変身していく大規模な経済社会構造の転換である。「大きなもの」とは，その重厚長大型を体現する鉄鋼船であり，また道路や橋梁等のインフラ整備に伴うモータリゼーションでもあり，その効率性が石崎家の家内経営の石船を凌駕していくのである。

皮肉なことに，石崎家の滅び行く石船が運んだ石が埋立地に沈められ，やがてそこに重厚長大型産業の工場が建ち，それが基礎となって「大きなもの」がもっと成長するのである。また，石崎船長の転職先である造船所では，遥かに効率性の高い大型の鉄鋼船が建造されている。

もう一つのメッセージは，石崎船長の父親である仙造（笠智衆）が孫に向かって言う台詞である。

島の段々畑の上にある高台で孫娘に島や海を見せながら，「これがお前の島だ。お前の父親や，この爺さんや，そのまた爺さんが生まれた島だ。尾道に引っ越せば，なかなか帰って来れない。よく覚えておけ」。

石崎家の故郷である島から，造船所のある尾道に移り住むことは単なる転職ではない。人間や家族が，先祖伝来の共同体から根こそぎはがされるプロセスでもある。

いよいよ最後は，島の船着場で石崎家の旅立ちを村の人々が見送る場面である。孫娘が，島に残る仙造爺さんにしがみ付いて離れようとしないのである。

に誘導し，一産業の高度化をはかるのが工業再配置の目的である (78 〜79 頁)。

そして，この全国的な規模の工業再配置を軸とする政策の実施には，社会資本として交通網が必要とされるのである。

工業再配置は全国新幹線鉄道網の建設，高速自動車道などの道路整備，本四連絡橋，全国的情報・通信ネットワークの形成，環境対策，大都市の再開発，地方都市づくり，日本農業の再建などを含む国土総合開発体系の一環であり，その中核的な政策である (79 頁)。

実際に，日本列島の上で全体的な工業化と脱農業の構造変化が進行した。いわば，上に述べた戦後の経済成長による「豊かな社会」が日本社会の全体に広がるプロセスであった。しかしその反面，コラム 1 の山田洋次監督の映画「故郷」にみるように，その「豊かな社会」の全国展開には影の部分も存在した。

主人公の石崎氏が自営業をあきらめて，故郷の島から出て尾道の造船所で働くことになるが，それは単なる転職ではない。人間や家族が，先祖伝来の共同体から根こそぎはがされるプロセスでもある。映画の最後の「島の船着場で石崎家の旅立ちを村の人々が見送る場面」で，孫娘が，島に残る仙造爺さんにしがみ付いて離れようとしないのであるが，それが，高度成長の陰の部分を象徴している。

それでも，20 世紀後半の「右肩上がり」の基調のもとでは，一方で各地域における家族的な温もりや共同体的な紐帯を失いながらも，他方ではそれに代わって，金銭的あるいは物質的なものが獲得されたので，「豊かな社会」への満足度は高まったといえよう。

しかし，1990 年代から 20 世紀の終わるころには，その「豊かな社会」にも陰りが出てきた。20 世紀の経済成長と福祉国家の形成

は，本質的には国民の幸福を目的としているはずであり，次に，その国民の状態の最も基礎となる人口動向について検討しよう。

1.5 高齢化率と後期高齢者

図表 1.5.1 で人口の長期的な動向をみよう。

第 1 に，総人口は 1990 年までは増加傾向が明瞭であるが，1990 年代になると増加率が明らかに減少して，2000 年以降の 21 世紀には横ばい傾向に転じ，さらに 2010 年以降は減少し始めることが予測されている。

第 2 に，65 歳以上の高齢者人口については，20 世紀後半の増加傾向が時間とともに速度を増しており，2000 年には 2,201 万人に達している。特に，総人口の増加が鈍る 1990 年代には高齢者人口の増加速度が強まっており，その勢いは 2020 年まで続き，3,612 万人になることが予測されている。

第 3 に，その結果，高齢者人口を総人口で除した高齢化率は，1990 年に 12.0％であったのが，2000 年に 17.3％，2010 年に 22.8％にまで増加しており，さらに 2020 年には 29.1％になることが予測される。

第 4 に，高齢者を 65～74 歳の前期高齢者と 75 歳以上の後期高齢者に分けてみると，高齢者人口の全体が増加速度を強めるトレンドのなかで，さらに後期高齢者の増加速度がそれを上回る勢いで強まっている。高齢者人口が 1990 年の 1,489 万人から 2010 年の 2,925 万人に増加する間に，後期高齢者は 597 万人から 1,407 万人に増加している。

第 5 に，その結果，高齢化率が 1990 年の 12.0％から 2010 年の

図表 1.5.1　高齢化の深化

（万人）

	総人口	0～14歳	15～64歳	65～74歳	75歳以上	65歳以上
1950	8,411	2,979	5,017	309	107	416
1970	10,467	2,515	7,212	516	224	739
1990	12,361	2,249	8,590	892	597	1,489
2000	12,693	1,847	8,622	1,301	900	2,201
2010	12,806	1,680	8,103	1,517	1,407	2,925
2020	12,410	1,457	7,341	1,733	1,879	3,612
2030	11,662	1,204	6,773	1,407	2,278	3,685
2040	10,728	1,073	5,787	1,645	2,223	3,868
2050	9,708	939	5,001	1,383	2,385	3,768

（％）

	総人口	0～14歳	15～64歳	65～74歳	75歳以上	65歳以上
1950	100.0	35.4	59.6	3.7	1.3	4.9
1970	100.0	24.0	68.9	4.9	2.1	7.1
1990	100.0	18.2	69.5	7.2	4.8	12.0
2000	100.0	14.6	67.9	10.2	7.1	17.3
2010	100.0	13.1	63.3	11.8	11.0	22.8
2020	100.0	11.7	59.2	14.0	15.1	29.1
2030	100.0	10.3	58.1	12.1	19.5	31.6
2040	100.0	10.0	53.9	15.3	20.7	36.1
2050	100.0	9.7	51.5	14.2	24.6	38.8

出所）内閣府（2013a）5頁より作成。2010年までは実績，それ以降は推計。

22.8％に伸びる間に，75歳以上人口割合は4.8％から11.0％になっている。さらに，2020年には後期高齢者が1,879万人，75歳以上人口割合が15.1％になることが予測されている。

第6に，上記のことをまとめると，20世紀末の1990年代には総人口が伸び悩むなかで高齢者人口は逆に増加速度を強めたので高齢化率が急上昇しており，さらに21世紀に入ると一方で総人口は減少傾向に転じるが他方では高齢者人口はいっそう増加速度を強めるので，高齢化率の増加が急傾斜となる。この動向は，福祉国家シス

テムの主柱である年金制度にとって極めて重要な問題であり、後に詳しく検討したい。

第7に、その高齢者人口のなかでも、75歳以上の後期高齢者の比率が増加しており、特に2020年以降には総人口が減少して高齢者人口も横ばい傾向に転じるなかで後期高齢者の部分だけが伸び続けることが予測される。これは、福祉国家システムのもう一つの主柱である医療保険にとって重要な要因となるので、これも後に詳しく検討しよう。

第8に、15〜64歳の現役世代層の推移をみると、1950年に5,017万人であったのが、2000年の8,622万人まで増加しているが、2010年には8,103万に減少し、その後減少速度が強まって2030年には6,773万人になることが予測される。ちなみに高齢者層（65歳以上）を現役層（15〜64歳）で除した比率を算出すると、1950年に8.3％であったのが、1990年に17.3％、2010年に36.1％になり、さらに2030年には54.4％になることが予測される。

さらに第9に、0〜14歳の年少者層をみると、1950年に2,979万人であったのが、1970年に2,515万人、1990年に2,249万人、2010年に1,680万人と長期的な減少傾向をたどっている。総人口に占める割合も1950年の35.4％から2010年には13.1％まで低下している。そして21世紀の時間が進むにつれて2030年には1,204万人へと3割も減少することが予測される。これは、図表1.5.2にみるような出生率の低下によるものである。まさに少子高齢化傾向が21世紀に確実にしかも急速に進行することが予測されている。コラム2は、図表1.5.2の原典である『少子化社会白書』（平成25年版）による出生数と合計特殊出生率の長期的な推移についての説明を引用したも

図表 1.5.2　出生率の推移

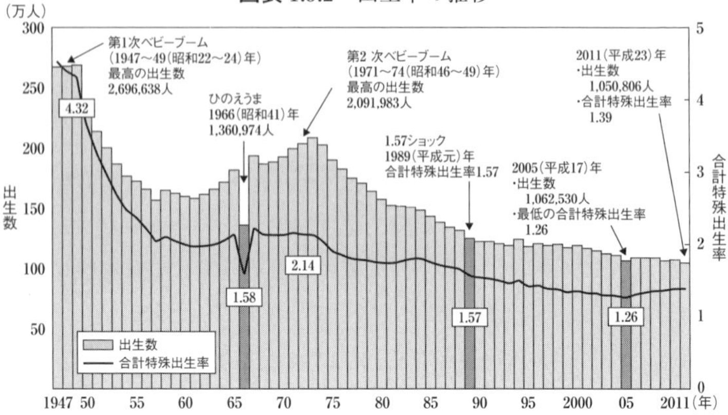
(万人)
300
250
200
150
100
50
出生数
第1次ベビーブーム
(1947～49(昭和22～24)年)
最高の出生数
2,696,638人
4.32
ひのえうま
1966(昭和41)年
1,360,974人
1.58
第2次ベビーブーム
(1971～74(昭和46～49)年)
最高の出生数
2,091,983人
2.14
1.57ショック
1989(平成元)年
合計特殊出生率1.57
1.57
2005(平成17)年
・出生数
1,062,530人
・最低の合計特殊出生率
1.26
1.26
2011(平成23)年
・出生数
1,050,806人
・合計特殊出生率
1.39
出生数
合計特殊出生率
5
4
3
2
1
0
合計特殊出生率
1947 50 55 60 65 70 75 80 85 90 95 2000 05 2011(年)

出所）内閣府（2013c）4頁より作成。

のである。

以上みてきたように，21 世紀には，20 世紀よりも現役世代が減少したうえに，年金や医療保険という福祉国家システムに依存する高齢世代が急増するのであり，このことが，21 世紀における福祉国家の効率化，合理化，スリム化を要請する根本的な要因といえよう。

さらに加えて，20 世紀末の 1990 年代あたりから，日本を含めた先進国の福祉国家に対する抑制的な要因が強まった。グローバル化に伴う国際競争の激化によって，福祉国家を寛大に運営する経済的な余力が縮小したのである。グローバル化と国際競争の激化と先進国の経済余力の縮小については，すでに別の機会に詳細に検討しているので，ここでは図表 1.5.3 を使って，簡単に触れるにとどめたい。*

＊渋谷博史監修，シリーズ「アメリカ・モデル経済社会」（昭和堂）の第 1～3 巻『アメリカ・モデルとグローバル化』Ⅰ，Ⅱ，Ⅲ（2010 年）を参照されたい。

図表 1.5.3　社会保障給付費と国民所得

年度	1970	1980	1990	2000	2012（予算ベース）
国民所得額(兆円)A	61.0	203.9	346.9	371.8	349.4
給付費総額(兆円)B	3.5(100.0%)	24.8(100.0%)	47.2(100.0%)	78.1(100.0%)	109.5(100.0%)
(内訳)年金	0.9 (24.3%)	10.5 (42.2%)	24.0 (50.9%)	41.2 (52.7%)	53.8 (49.1%)
医療	2.1 (58.9%)	10.7 (43.3%)	18.4 (38.9%)	26.0 (33.3%)	35.1 (32.1%)
福祉その他	0.6 (16.8%)	3.6 (14.5%)	4.8 (10.2%)	10.9 (14.0%)	20.6 (18.8%)
B／A	5.77%	12.15%	13.61%	21.01%	31.34%

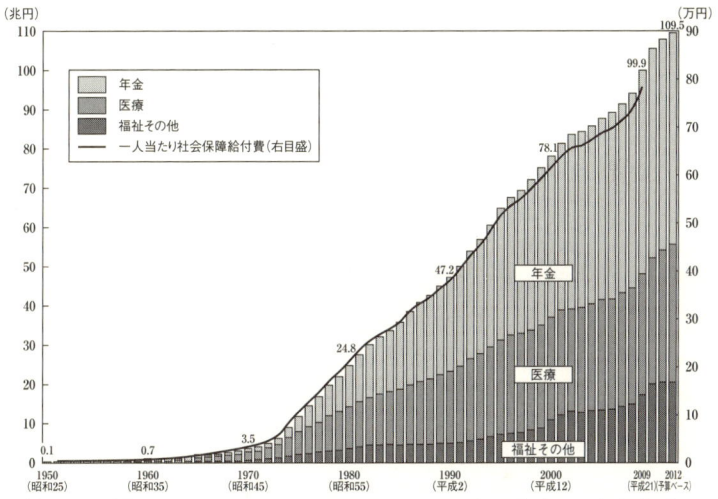

備考）図中の数値は，1950，1960，1970，1980，1990，2000及び2009並びに2012年度（予算ベース）の社会保障給付費（兆円）である。

出所）厚生労働省（2013a）資料編，20頁より作成。

　第1に，国民所得をみると，それまでの増大傾向が，バブル崩壊後の1990年代には伸びなやむようになり，21世紀に入って減少している。おそらく，バブルの崩壊というきっかけによって，本質的な経済停滞要因である中国等の新興国との国際競争の激化や，人口構成の高齢化による経済の低成長化が顕在化しているということであろう。

第2に、社会保障給付費は、1990年代にもそれ以前と同じ増加傾向をたどったために、「社会保障給付費の対国民所得比」（B/A）は1990年の14%から2000年には20%を超える水準に上昇した。21世紀に入って社会保障給付費の伸びは抑制されるが、国民所得の落ち込みが厳しく、「社会保障給付費の対国民所得比」は2000年度に21%に、2012年度には31%になっている。

第3に、このような社会保障給付費の伸びの基本的な要因は年金と医療である。ちなみに、1990〜2012年度における社会保障給付

コラム2　出生数と合計特殊出生率の推移

我が国の年間の出生数は、第1次ベビーブーム期には約270万人、第2次ベビーブーム期には約200万人であったが、1975（昭和50）年に200万人を割り込み、それ以降、毎年減少し続けた。1984（昭和59）年には150万人を割り込み、1991（平成3）年以降は増加と減少を繰り返しながら、緩やかな減少傾向となっている。

なお、2011（平成23）年の出生数は、105万806人と前年の107万1,304人より2万498人減少した。

次に、合計特殊出生率（合計特殊出生率とは、その年次の15〜49歳までの女性の年齢別出生率を合計したもので、1人の女性が、仮にその年次の年齢別出生率で一生の間に子どもを生むと仮定したときの子ども数に相当する）をみると、第1次ベビーブーム期には4.3を超えていたが、1950（昭和25）年以降急激に低下した。その後、第2次ベビーブーム期を含め、ほぼ2.1台で推移していたが、1975年に2.0を下回ってから再び低下傾向となった。1989（平成元）年にはそれまで最低であった1966（昭和41）年（丙午：ひのえうま）の数値を下回る1.57を記録し、さらに、2005（平成17）年には過去最低である1.26まで落ち込んだ。

なお、2011年は、1.39（前年同）となっており微増傾向ではあるものの、欧米諸国と比較するとなお低い水準にとどまっている。

（出所：内閣府（2013c）3頁より作成。）

費の増加 62.3 兆円に対する増加寄与度を算出すると，年金が 48％（29.8 兆円），医療が 27％（16.7 兆円），福祉その他が 25％（15.8 兆円）である。なお，1990 年度と 2012 年度を見比べて，医療が社会保障給付費に占める比重が 39％から 32％に低下し，福祉その他が 10％から 19％に上昇しているのは，介護保険の創設に伴って，それまで医療保険によって賄われた介護サービスの部分が，介護保険に回ったためである。

第 4 に，いずれにしても，1990 年代以降の経済悪化のなかにおける社会保障給付費の膨張は，高齢者のための年金と医療と介護の分野が中心となっていたのである。

先にみたように，21 世紀には時間の経過に伴って，人口高齢化，さらには高齢化のなかでの後期高齢者の比重増加が確実に進行するので，年金と医療と介護という分野における給付の膨張圧力は想像を超えるものになるであろう。

さて，このような 21 世紀の状況から振り返って，20 世紀における福祉国家の立上げのプロセスについて考えてみよう。

1.6　20 世紀システムからの転換の要請

20 世紀には好条件があった。第 1 に，経済成長が豊かな税収や社会保険料をもたらし，第 2 に人口構成が高齢化する前であったので，現在よりも相対的に少ない高齢者に対する年金や医療について給付の寛大が可能であった。

たとえば，年金制度では，年金保険料を拠出する現役労働者に比べて，年金給付を受ける退職高齢者の数が相対的に少ない状態から制度の立上げが行われ，次第に時間の経過とともに，現役労働者に

対する退職受給者の比率が上昇するという意味の「年金制度の成熟」が進行するはずである。

しかし1990年代あたりから年金制度に限らず，福祉国家システムの全体にかかわる人口構成の面からの「成熟」の速度が高まった。それが，21世紀的状況下でスリム化への要請の根本要因である。すなわち，人口構成の変化という根本要因のゆえに20世紀型の寛大な福祉国家から21世紀型のスリム的ベクトルが要請されることは必然であったが，さらに20世紀末に社会主義の崩壊と，IT革命を内蔵するグローバル化が進展して，その必然的スリム化についての推進要因となった。20世紀後半の社会主義との体制選択の競争は福祉国家拡充の推進要因であったが，それが消滅し，また，IT革命とグローバル化による徹底的な国際競争は，企業のコスト切り下げ圧力を通して，福祉国家の抑制要因となったのである。

以上のような視角から，福祉国家システムの具体的な検討に入ることにしよう。

1.7 政府部門の全体像

図表1.7.1は，1994年度と2012年度について，日本のパブリックセクター（一般政府）を中央政府と地方政府と社会保障基金の部門に分けて，基本的な財政構造をみたものである。大まかにいうと，社会保障基金とは，年金や医療保険や介護保険等の社会保険であり，2012年時点の具体的な制度の編成でいうならば，国レベルでは国民年金や厚生年金の特別会計や協会けんぽなどであり，地方レベルでは，国民健康保険や後期高齢者医療制度や介護保険である。したがって，中央政府とは，国レベルの一般会計に，上記の社会保険の

特別会計を除いた特別会計を加えたものである。地方政府とは，同様に，地方公共団体（都道府県，市町村等）レベルの一般会計に，上記の社会保険の特別会計を除いた特別会計を加えたものである。

周知のように，1970年代以降，急速に日本的な福祉国家を形成して政府規模を拡大したが，その特徴の第1は，田中角栄の『日本列島改造論』で予言されたように，その福祉国家の拡大は一方で「土建国家」とよばれる公共事業や，食糧管理制度に代表される農業保護策という地域間再分配メカニズムが際立っていた。第2に，それでも次第に人口高齢化の進展に伴って年金や医療保険を主柱として社会保障基金の規模が絶対的にも相対的に増大した。

さて20世紀末からの18年間に，政府部門の全体規模が拡大するトレンドが止まるなかで，それらの特徴点がどう変化したのであろうか。ちなみに，中央政府，地方政府，社会保障基金の3つの総支出の合計の対GDP比率は1994年度の45.9％から2012年度の58.0％に増加したが，それから，経常支出および資本支出における部門間移転（1994年度9.9％，2012年度14.6％）を差し引いた純計では，36.0％から43.4％に増加している。

第1に，日本型福祉国家のなかで「土建国家」や農業保護策を経由する地域間再分配メカニズムは縮小し，人口高齢化のいっそうの進展によって年金・医療保険の膨張圧力が強まっている。政府部門全体の純資本支出の対GDP比率が8.2％から4.1％に減少し，特に地方政府における資本支出が6.9％から3.0％へと顕著な減少を示している。

第2に，社会保障基金の経常支出の対GDP比率は11.2％から20.6％に増加しており，総支出の純計（合計から部門間移転を差し引

図表 1.7.1 一般政府（対 GDP 比率）

(%)

	1994年度					2012年度				
	中央政府	地方政府	社会保障基金	合計	純計	中央政府	地方政府	社会保障基金	合計	純計
経常収入	11.3	12.1	13.2	36.6	28.9	10.7	14.0	19.9	44.5	31.7
租税等	10.7	6.7	0.0	17.3		9.8	7.3	0.0	17.2	
利子等	0.5	0.3	2.0	2.8		0.6	0.1	0.8	1.6	
社会負担	0.1	0.3	8.4	8.8		0.1	0.5	12.3	12.9	
部門間移転	0.0	4.8	2.9	7.7		0.1	6.0	6.8	12.9	
経常支出	12.9	11.4	11.2	35.5	27.8	16.8	14.8	20.6	52.2	39.4
最終消費	2.1	4.6	0.0	6.8		2.8	5.6	0.0	8.4	
補助金	0.4	0.4	0.0	0.8		0.2	0.5	0.0	0.6	
社会給付	0.8	4.3	10.9	16.1		0.6	5.5	20.5	26.6	
利子等	2.5	1.4	0.2	4.1		2.2	1.4	0.1	3.7	
部門間移転	6.9	0.7	0.1	7.7		11.0	1.8	0.0	12.9	
経常収支	−1.6	0.7	2.0	1.1	1.1	−6.2	−0.8	−0.8	−7.7	−7.7
資本収入	0.8	2.3	＊	3.1	0.8	0.6	1.7	＊	2.4	0.7
部門間移転	0.2	2.0	＊	2.2		0.2	1.5	＊	1.7	
その他	0.6	0.3	＊	0.8		0.5	0.2	＊	0.7	
資本支出	3.5	6.9	0.1	10.4	8.2	2.8	3.0	＊	5.8	4.1
部門間移転	2.0	0.2	＊	2.2		1.5	0.2	＊	1.7	
総固定資本形成等	1.1	6.0	＊	7.1		0.8	2.6	＊	3.4	
その他	0.4	0.6	＊	1.1		0.5	0.2	＊	0.7	
資本収支	−2.7	−4.6	−0.1	−7.4	−7.4	−2.1	−1.3	＊	−3.4	−3.4
総収入	12.0	14.4	13.2	39.6	29.8	11.3	15.7	19.9	46.9	32.3
総支出	16.4	18.3	11.3	45.9	36.0	19.6	17.7	20.7	58.0	43.4
総合収支	−4.3	−3.9	2.0	−6.3	−6.3	−8.3	−2.0	−0.8	−11.1	−11.1

出所）内閣府（2013b）より作成。

いたもの）に占める比重を算出すると，1994年度の31％から2012年度の47％に増加している。

第3に，主として中央政府が出し手となる部門間移転が拡大するなかで，受け手の側では社会保障基金の比重が大きくなっている。中央政府が，租税等の経常収入に加えて赤字国債で取り込む資金を，従来の土建国家や農業補助金に向かうよりも，高齢社会の年金・医療保険・介護保険という社会保険の仕組みのなかに投入するルートが拡大していることがわかる。すなわち，先にみた人口動向や，それに規定される社会保障費の絶対的，相対的な膨張傾向と整合する推移を見出すことができる。

第4に，日本の福祉国家財政において，中央政府の経常支出のなかの部門間移転が重要であり，1994年度において経常支出の対GDP比率が12.9％であるのに対して，部門間移転が6.9％であり，またその下の項目では，資本形成（公共事業等）にかかわる部門間移転が2.0％もあるので，合計すると対GDP比率で8.9％もの規模の部門間移転を行っていることになる。

地方政府にまわるのは，地方政府の経常収入のなかの部門間移転4.8％と，資本移転2.0％の合計である6.8％であり，社会保障基金に回るのは，社会保障基金の経常収入のなかの部門間移転2.9％であった。

そして，2012年度になると，中央政府から地方政府に向かう資本移転は1.5％の規模にまで縮小しており，他方，中央政府と地方政府から社会保障基金に向かう部門間移転は2.9％から6.8％に増加している。

後述するように，このような日本のパブリックセクター（一般政

府）内における部門間移転は，地方政府部門のなかでも財政的に弱い部分に厚く配分する構造であり，また社会保障基金のなかでも同様に財政的に弱い部分に厚く配分するメカニズムが内蔵されている。*

このような部門間移転と地方財政の関係は本書の第6章で検討することになっているので，ここでは項を改めて，部門間移転と社会保険制度の関係に立ち入ってみよう。

1.8　社会保障システムの全体像

図表1.8.1で，社会保障システムを構成する諸制度について，その支出を主項目別にみよう（2011年度，対GDP比率）。

第1に，この社会保障システムの全体による支出は，最下段の「総計」でみることができる。合計では30.35％の対GDP比率という規模であるが，それは小計の23.63％に「他制度へ移転」の6.72％を加えたものであり，「他制度へ移転」とは，この社会保障システムのなかの他制度という意味であり，たとえば，厚生年金制度から他制度への移転3.38％は，国民年金制度への移転であり，それは国民年金制度の収入のなかの「他制度から移転」という項目の3.83％のなかに入っていくものである。したがってシステム内部の制度間移転を重複部分と考えて，この社会保障システム全体と外部との関係で支出は，小計の23.63％であるといえよう。

第2に，最大の分野は年金であり，対GDP比率は11.21％である。年金分野の主たる制度は，厚生年金制度，厚生年金基金，国民

＊渋谷博史『21世紀日本の福祉国家財政』学文社，第3章及び第4章で国の一般会計と社会保険の間の複雑な資金の流れを詳細に検討しているので，参照されたい。

年金制度,各種の共済組合(地方公務員等共済組合,国家公務員共済組合)である。

第3に,次に大きな分野は医療等であり,対 GDP 比率は 7.49%である。主たる制度は,国民健康保険,協会管掌健康保険,組合管掌健康保険,各種の共済組合であり,さらに後期高齢者医療制度もある。

第4に,「その他」の項目の総計 4.94% は,主として,介護保険の 1.72%,雇用保険等の 0.56% という社会保険のほかに,生活保護の 0.40%,社会福祉の 0.94% から構成されている。

次に,この社会保障システムの収入の面をみよう。

第1に,全体の収入を一番下の「総計」の欄でみると,小計の対 GDP 比率が 24.44%,「他制度から移転」が 6.76%,合計が 31.20% である。

第2に,収入面の主たる項目に立ち入ってみよう。拠出には被保険者本人が保険料として負担する部分と,事業主(雇用主)が保険料として負担する部分がある。医療保険のなかの協会管掌健康保険(中小企業等)や組合管掌健康保険(大企業等),年金の厚生年金制度や厚生年金基金,医療保険と年金を管理運営する各種の共済組合の場合には,被用者と雇用主の双方が保険料を拠出するが,国民健康保険や国民年金(同表では,自営業者の第1号被保険者のみを国民年金で計上して,被用者及びその配偶者の第2号及び第3号被保険者は厚生年金等の被用者年金に計上している)の場合には,雇用主が存在しないので,被保険者本人の拠出する保険料のみである。

第3に,そのように雇用主の拠出のない場合には年金制度あるいは医療保険制度として財政的に弱いので,その分だけ,国(「国庫

図表 1.8.1 社会保障システム (2011 年度、対 GDP 比率)

(%)

	収入									支出					収支差
	拠出		国庫負担	他の公費負担	資産収入	その他	小計	他制度から移転	収入合計	医療等	年金	その他	小計	他制度へ移転	支出合計	
	被保険者	事業主														
社会保険																
1. 健康保険																
(A) 協会管掌健康保険	0.803	0.783	0.269			0.004	1.859	0.001	1.860	1.000		0.019	1.019	0.785	1.804	0.056
(B) 組合管掌健康保険	0.693	0.830	0.009		0.010	0.173	1.715	0.001	1.716	0.773		0.126	0.899	0.731	1.630	0.085
2. 国民健康保険	0.741		0.794	0.363		0.103	2.002	0.778	2.780	2.027		0.142	2.170	0.541	2.710	0.070
退職者医療制度 (2に含まれる)	0.054						0.054	0.152	0.206	0.138			0.138		0.138	0.068
3. 後期高齢者医療制度	0.192		0.848	0.477		0.039	1.556	1.098	2.654	2.583		0.046	2.629		2.629	0.026
4. 介護保険	0.298		0.388	0.531	*	0.031	1.248	0.488	1.736			1.716	1.716		1.716	0.020
5. 厚生年金	2.479	2.479	1.816		0.511	1.286	8.572	0.469	9.041		4.992	0.050	5.042	3.382	8.425	0.617
6. 厚生年金基金等	0.081	0.195			0.050	0.002	0.328	0.024	0.352		0.448	0.026	0.474	0.001	0.475	△0.124
7. 国民年金	0.334		0.415		0.037	0.023	0.809	3.828	4.638		3.936	0.050	3.986	0.488	4.475	0.163
8. 農業者年金基金等	0.025		0.027		0.014	0.017	0.083		0.083		0.049	0.019	0.068	0	0.068	0.015
9. 船員保険	0.003	0.004	0.001		*	0.002	0.010		0.010	0.005	0.001	0.001	0.006	0.003	0.009	0.001
10. 農林漁業団体職員共済組合	0	0.006	0.000		0.001	0.000	0.008		0.008		0.015	0.000	0.016		0.016	△0.008
11. 日本私立学校振興・共済事業団	0.061	0.060	0.023	0.001	0.009	0.000	0.154	0.002	0.156	0.025	0.057	0.002	0.084	0.072	0.156	△0.000
12. 雇用保険等	0.197	0.312	0.143	0.000	0.008	0.016	0.677		0.677	0.056		0.557	0.612		0.612	0.065
13. 労働者災害補償保険		0.171	0.000		0.028	0.046	0.245		0.245	0.048	0.097	0.078	0.223	0.004	0.227	0.019

家族手当													
14. 児童手当及び子ども手当		0.091	0.351	0.136		0.012	0.589				0.583	0.001	0.584	0.005
公務員														
15. 国家公務員共済組合	0.167	0.253	0.062		0.030	0.010	0.522	0.024	0.546	0.054	0.352	0.003	0.410	0.184	0.594	△0.048
16. 地方公務員等共済組合	0.484	0.744	0.001	0.155	0.067	0.004	1.456	0.050	1.506	0.177	0.987	0.013	1.177	0.479	1.656	△0.150
17. その他		0.075	0.001	0	0.006	0.002	0.084		0.084	0	0.030	0.009	0.039	0.046	0.085	△0.001
広義の社会保険の小計	6.560	6.004	5.148	1.663	0.772	1.770	21.918	6.762	28.681	6.749	10.965	3.440	21.154	6.718	27.872	0.808
24. 公衆衛生			0.206	0.036						0.158	*	0.084	0.242		0.242	
25. 生活保護			0.561	0.187			0.748		0.748	0.347		0.401	0.748		0.748	
26. 社会福祉			0.544	0.487			1.031		1.031	0.094		0.937	1.031		1.031	
27. 戦争犠牲者				0.149						0.000	0.130	0.019	0.149		0.149	
広義の社会福祉の小計			1.460	0.709			2.169		2.169	0.599	0.130	1.441	2.169		2.169	
他の社会保障制度	0.004	0.132	0.051	0.153	0.000	0.010	0.350		0.350	0.137	0.116	0.057	0.311		0.311	0.039
総　計	6.564	6.136	6.659	2.526	0.772	1.780	24.437	6.762	31.200	7.487	11.212	4.935	23.634	6.718	30.352	0.847

(備考）＊は絶対値が 0.005 未満
(出所) 国立社会保障・人口問題研究所 (2013) より作成。

負担」の項目）及び地方公共団体（「他の公費負担」の項目）から租税資金が厚く投入されている。たとえば，医療保険の分野では，大企業等の組合管掌健康保険，中小企業等の協会管掌健康保険，自営業者・無職者等の国民健康保険の順番で財政基盤が強いので，租税資金の投入は，国民健康保険，協会管掌健康保険，組合管掌健康保険の順に厚くなっている。国民健康保険の収入の小計 2.00％（対 GDP 比率）のなかで租税資金の投入分（「国庫負担」及び「他の公費負担」）は 1.16％もあり，比重を算出すると 58％である。協会管掌健康保険では収入の小計 1.86％，租税資金 0.27％であるので比重は 14％であり，組合管掌健康保険には租税資金はほとんど投入されていない。

　第 4 に，前出図表 1.5.3 にみるように，人口高齢化と並行する形で年金・医療・介護の社会保険が相対的にも大きなスピードで膨張しており，その財源面では社会保険料負担の増大もあるが，同時に中央政府及び地方政府からの租税資金の投入も増加していることも見逃してはならない。しかも，その租税資金の投入には，財政基盤の弱い制度に対して相対的に厚い配分という仕組みが内蔵されている。さらに，図表 1.8.1 の「他の公費負担」という項目は地方公共団体の一般会計から社会保険関連の特別会計に繰入れられる租税資金であるが，第 6 章でくわしく検討するように，財政基盤の弱い地方公共団体については国からの地方交付税等に依存する部分も大きく，その地方交付税から回ってくる部分もある。すなわち，日本の社会保険システムの財源として，加入者本人や雇用主から徴収される社会保険料に加えて，租税資金が複雑なルートを経て投入されており，それが，結果的には，さまざまな経済格差を緩和する役割を果たしてきたのである。

第2章　年金システム

2.1　20世紀の立上げから21世紀の定着へ

　年金は優れた社会的仕組みである。周知のように，現代の市場経済のもとでは，個人は自分の生活の糧を，自分の労働力による給与賃金として稼ぐのが原則である。したがって，高齢や障害によって，稼ぐことが難しくなると，生活のためには，家族による扶養や，それまでの現役期における貯蓄が必要となる。

　しかし，現代日本においては，高齢者と息子夫婦と孫の三世代同居は次第に困難になり，また息子夫婦の所得も，子育てに手いっぱいの状態であることが多くなった。また，退職期の貯蓄も，現役期の格差を増幅する形で反映するので，老後の十分な備えを有する高齢世帯はそれほど多くはない。

　そこで，年金システムという優れた社会的な仕組みが大きな役割を担うことになる。国家によって運営される年金システムは，基本的に賦課方式であり，それぞれの時点における現役世代が拠出する年金保険料が，その時点の退職高齢者への年金給付の財源となる。そして，その現役世代が退職高齢者になるときに，自分の現役期における年金保険料の拠出記録が根拠となって，年金の受給権が付与され，年金給付額も決定される。ということは，現時点の高齢者の年金受給は，かつての現役期の拠出記録が根拠となっている。

ところで,このような年金システムが本格的に立上げられ,社会全体に普及した20世紀後半の時期に,2つの好条件が存在していた。

第1に,戦後の長期的な経済成長のもと,国民全体の所得水準が上昇したので,勤労所得をベースに算定される年金保険料は,個々の被保険者においても,社会全体としても右肩上がりの増加傾向にあったので,退職受給者への年金給付額についても寛大な算定を行うことが可能となった。

第2に,もっと本質的には,年金制度としても成熟の問題があった。そもそも年金制度をゼロから立ち上げる時点では,保険料を拠出する現役労働者は存在するが,その年金制度に対する拠出記録を根拠とする年金を受け取る退職世代は存在しないはずである。時間の経過とともに,「拠出する現役労働者」のなかから次第に「受給する退職世代」に転じる人が増加することになる。それが,「年金制度としての成熟」である。したがって,年金制度の立上げの時期には「成熟」はあまり進んでおらず,現役世代の拠出する年金保険料は,将来の年金給付に備えて積み立てられる部分も大きいはずであった。その積立金の一部を使って,初期に退職する人への年金給付の算定を寛大にすることは可能であり,また初期の退職者の場合には本人の現役期の拠出記録が短期間になるので,拠出記録から年金給付額への転換率を大きくしないと,十分な年金額にならないという事情もあったはずである。

さて,以上のような年金制度の初期の好条件が,1990年代から21世紀に至る時期に急激に消滅したのである。

第1に,「年金制度の成熟」が進行すると,現役世代に対する退

職世代の人数の比率が大きくなるので，上記のような初期の寛大な年金算定式をそのまま使用し続けると，年金財政は悪化せざるを得ない。コラム3に示した簡単な数値例にみるように，年金制度立上げ期の寛大な算定式から，「成熟」後の条件（退職世代と現役世代の人数比率の上昇，退職世代の有する拠出記録が長期になっている）を前提として年金財政の健全性を維持できるような算定式に替える必要がでてくる。

第2に，20世紀末の1990年代からグローバル化とIT革命によって国際競争が激化するなかで，現役世代の所得水準が全体として

コラム3　年金制度の成熟

簡単な数値例を出すと，現役労働者100人が年間10万円の保険料を拠出すると合計で1000万円になるが，「成熟」前では退職受給者10人に対して一人当たり年間100万円の年金を給付できる。しかし「成熟」後に退職者が20人になった場合には，一人当たり50万円の年金となる。

しかも，「成熟」前の退職受給者の拠出記録に比べて，「成熟」後の退職受給者の方が長期間になっているはずである。たとえば，「成熟」前の退職受給者は，年間10万円の拠出を10年間行って総額100万円の拠出を根拠にして，年間100万円の水準の年金受給権を獲得したとしよう。他方，「成熟」後の退職受給者は，年間10万円の拠出を20年間行って総額200万円の拠出を根拠として，年間50万円の水準の年金受給権を獲得するとしよう。単純に考えれば，「成熟」前の退職受給者に対する算定式は，「成熟」後の退職受給者のそれに比べて4倍も寛大であったといえよう。

逆にいえば，「成熟」後の退職受給者に対する年金給付の算定式は，年金制度の立上げ期に適用された寛大なものから，「成熟」後の年金財政に整合するように，厳しいものに替える必要が出てくるのは，当然といえよう。

は低下する傾向が出てきたので，現役世代の所得水準をベースとする年金保険料も伸び悩む。現時点の退職世代の受け取る年金給付額は，本人の過去の年金保険料の拠出記録をベースにして（以前よりは寛大でなくなった）算定式で計算されるが，*それで確定した年金額は基本的には固定的である。**すなわち，1990年代以降の経済基調が悪化する状況のなかで，一方で年金財政の収入である保険料は現在の所得水準に基づいて決定され，他方で支出である年金額は，1990年代以前の良好な経済基調のもとでの所得水準と保険料拠出記録に基づいて決定されている。支出面の年金給付が過去の繁栄を反映する水準のままで固定的であるのに対して，収入面の保険料が現在の不況を反映する形であれば，年金財政は悪化するので，当然，年金額を下方に調整するように要請が出てくるはずである。

こうして21世紀には年金財政の逼迫のなかで，年金給付の引き下げが要請されるのであるが，それは，年金システムの外部の諸要因の変化もある。本質的には，そのなかで，20世紀後半に本格的に立上げた年金システムにおいて次第に「制度的な成熟」が進行したことに伴う制度再編が行われるとみるべきであろう。これが，2004年度の年金改正である。くわしくは，第5節で説明する。

21世紀における年金システムの再編のもう一つの重要な点は，市場メカニズムを軸に据える経済社会に本来的に内在するリスクを，現役世代と退職世代がいかに負担するかということである。市場経

---

*各自の年金保険料は，勤務先から受け取る報酬に保険料率を乗じて算出される。数十年も前の報酬の金額は今の報酬の金額と実質的な価値が異なるので，年金給付額を決めるときには，過去の報酬の金額を今の金額に換算し直すのである。その換算の計算では，賃金上昇率が使われる。これを賃金スライドと呼ぶ。

**いったん年金給付額が決まると，その給付額は毎年の物価上昇率に応じて上昇した。これを物価スライドと呼ぶ。

済の本質的な特徴は，資源や技術水準の変化に対して，企業や労働者という個別の主体が柔軟に対応して，社会全体が流動的に構造変化を遂げることで，最も効率的な経済社会システムを維持することである。そのプロセスのなかで，労働者の側も所得水準の変動リスクは常に存在する。自分の有する技能が時代遅れになって所得が低下することもあり，最悪の場合には，自分の勤務する企業が倒産することもある。

 ところが，退職世代の年金給付は退職時に算定されたのちは，物価調整も含めて比較的安定的であったとすると，市場経済における変動リスクはすべて現役世代が引き受けることになる。すなわち，単純化すれば，変動する現役世代の所得から安定的な年金コストである年金保険料を差し引いたものが，現役世代の可処分所得となるので，年金保険料を差し引く前の所得よりも，いっそう変動リスクの影響を受けることになる。さらに，1990年代以降の右肩下がりの基本傾向のなかで以前よりも変動リスクが増大して，しかも所得格差も拡大する状況下では，現役世代の可処分所得は20世紀よりもかなり悪い状態になる人々が増加したはずである。それでは，少子化傾向をいっそう加速させることになる。

 ここから出てくる一つのインプリケーションは，21世紀型の経済社会に伴う変動リスクを，退職世代も引き受ける形の年金システムに改造して，現役世代の子育て支援に政策の重心を移動させることである。その方が，少子高齢化への歯止めの意味もあり，社会全体の発展力の回復にもつながると思われる。

 本章の目的は政策提言を行うことではない。むしろ，国民自身がじっくりと21世紀福祉国家の重要な分野である年金システムの今

後について考えるための基礎的な材料を提供することである。その一環として、21世紀初頭の現在における日本の年金システムの置かれている状況の本質を提示したのである。それでは、以上の問題意識を持って、勉強を進めよう。

2.2 年金システムの全体像

日本の年金システムは、図表2.2.1（2012年3月）にみるように、1階の国民年金制度（基礎年金）と2階の被用者年金（厚生年金制度、共済組合等）と3階の付加給付で構成される3階建ての構造である。*

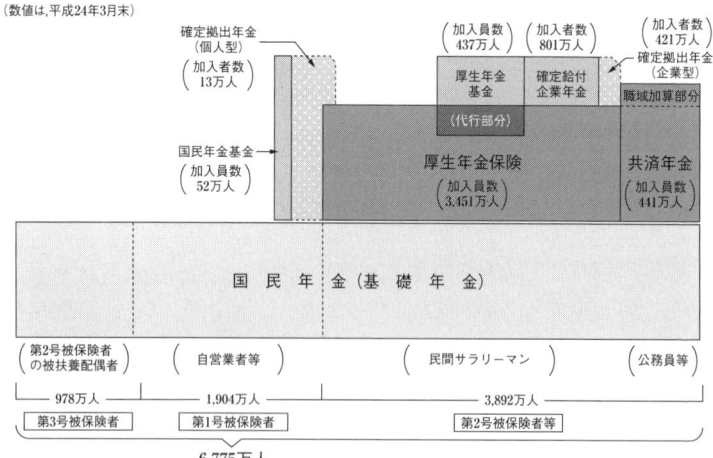

図表 2.2.1　年金制度の体系

(数値は、平成24年3月末)

	確定拠出年金 （個人型） （加入者数 13万人）		厚生年金 基金 （加入員数 437万人）	確定給付 企業年金 （加入者数 801万人）	確定拠出年金 （企業型） （加入者数 421万人） 職域加算部分
	国民年金基金 （加入員数 52万人）		（代行部分） 厚生年金保険 （加入員数 3,451万人）		共済年金 （加入員数 441万人）
国 民 年 金 （ 基 礎 年 金 ）					
第2号被保険者 の被扶養配偶者	自営業者等		民間サラリーマン		公務員等
978万人	1,904万人		3,892万人		
第3号被保険者	第1号被保険者		第2号被保険者等		

6,775万人

(注) 1　厚生年金基金、確定給付企業年金及び私学共済年金の加入者は、確定拠出年金（企業型）にも加入できる。
　　 2　国民年金基金の加入員は、確定拠出年金（個人型）にも加入できる。
　　 3　第2号被保険者等は、被用者年金被保険者のことをいう（第2号被保険者のほか、65歳以上で老齢又は退職を支給事由とする年金給付の受給権を有する者を含む）。
出所）厚生労働省（2013a）236頁より作成。

1階部分の国民年金制度は，原則的に全ての国民が加入し，基礎的な給付（基礎年金）を行うものである。2階部分の被用者年金は，（企業や政府等に雇用される）被用者に対して，基礎年金に上乗せして，「報酬比例の年金」を給付する制度であり，民間被用者を対象とした厚生年金保険と，公務員等を対象とした共済年金（国家公務員共済組合，地方公務員等共済組合，私立学校教職員共済組合等）がある。3階部分の付加給付は，主として被用者年金の厚生年金や共済組合において，2階部分にさらに上乗せして行われるものであり，厚生年金基金や確定給付企業年金や，共済年金の職域加算部分があり，被用者年金以外では国民年金基金もある。

2.3 国民年金

1 被保険者

国民年金の被保険者（年金保険料を拠出する20歳以上60歳未満の現役世代）は6,775万人であり，受給者は2,864万人である。国民年金の被保険者は，第1号被保険者（自営業者・農業者等，1,904万人），第2号被保険者（民間被用者・公務員等の被用者年金の加入者，3,892万人），第3号被保険者（第2号被保険者に扶養される配偶者，978万人）に分けられる（図表2.2.1）。

2 保険料と財政

国民年金の保険料は月額1万5,040円（2013年4月現在）であり，毎年280円ずつ引き上げられて，2017年以降は1万6,900円で固定されることになっている。第1号被保険者のそれは直接に，国の管

＊本項における制度の説明は主として次の文献に依拠している。厚生労働統計協会（2013a），厚生労働省（2013a），渋谷博史編（2008），第3章及び第4章。

理する年金特別会計の国民年金勘定に入り、そこから、国民全体の基礎年金を管理する年金特別会計の基礎年金勘定に繰り入れられる。

　第2号被保険者（被用者本人）の場合にはやや複雑である。民間被用者を例にとって説明すると、その加入する厚生年金では保険料は、後述のように、報酬の16.766％（被用者本人と雇用主で半分ずつ負担する）であり、それが国の年金特別会計の厚生年金勘定に入るが、そのなかから上記の国民年金の保険料の分が、年金特別会計の基礎年金勘定に繰り入れられる。

コラム4　皆年金のための国民年金の第1号被保険者制度の機能

　当初の国民年金は自営業者、農業者等のための制度として発足したが、現在、パートタイム労働者の増大等によって被用者であっても被用者年金に加入できない場合が多くなり、その場合には国民年金制度の第1号被保険者となる。第1号被保険者における自営業者や家族従業者の比重は1999年にそれぞれ22.6％、11.3％であったのが、2005年にはそれぞれ17.7％、10.5％に減少し、他方、常用雇用や臨時・パート等の比重は1999年にそれぞれ9.8％、16.6％であったのが、2005年にはそれぞれ12.1％、24.9％に増加している（『厚生労働白書』平成20年版、110頁）。それは、グローバル化やIT革命等による日本経済の産業編成や就労形態の大きな変化のなかで、被用者保険でカバーされない職種が増大する傾向に対して、日本の皆年金システムを維持するために、この国民年金制度の第1号被保険者という制度が重要な役割を果たすことをあらわしている。

　しかし、その役割をもっと特徴的に示すのは、第1号被保険者に占める「無職」の人の比重が約3分の1（1999年34.9％、2005年31.2％、同上書、110頁）ということである。この人々を、国民全体を対象に基礎年金を給付する社会保険として運営される国民年金制度のなかに包み込む仕組みが、日本の皆年金システムの最大の基盤といえよう。

第3号被保険者(被用者の扶養する配偶者,主婦等)の場合はもっと複雑である。第3号被保険者は本人が保険料を負担しない。上記のように第2号被保険者について,年金特別会計の厚生年金勘定に報酬比例の保険料(被用者本人と雇用主の両方が負担)が入ってくるが,その資金のなかから,第3号被保険者の数に国民保険料を乗じた金額が,年金特別会計の基礎年金勘定に繰り入れられる。

　したがって,厚生年金等の被用者保険の場合には,第2号及び第3号被保険者の基礎年金のための保険料を差し引いたものが,それぞれの被用者保険の2階部分である報酬比例の年金給付の財源となるのである。

　さて,そのようにして第1号被保険者,第2号及び第3号被保険者の国民年金(基礎年金)のための保険料が年金特別会計の基礎年金勘定に集められると,それが,現時点の基礎年金受給者に支払われることになる。ただし,基礎年金給付について,その3分の1の金額が国庫(一般会計の租税資金)から支出される。すなわち,日本の皆年金システムの基礎となる基礎年金については,現役世代の年金保険料に加えて,所得税や法人税や消費税からの一般財源も投入されている。

　たとえば2012年度の予算ベースの数値でみると,*国の一般会計で計上される社会保険費19.1兆円は主として年金関係8.1兆円と医療保険関係8.6兆円で構成されている。その年金関係の主たる項目は,「基礎年金年金特別会計へ繰入」の7.4兆円である。

　それは,年金特別会計のなかの国民年金勘定(第1号被保険者)

＊詳細は渋谷博史(2014)『21世紀日本の福祉国家財政　第二版』学文社,第3章及び第4章を参照されたい。

図表 2.3.1 国民年金制度の概要

	国　民　年　金
根　拠　法	国民年金法（昭和34年4月16日 法141）昭和36年4月1日施行（拠出制年金）
対　　象	第1号被保険者　日本国内に住所を有する20歳以上60歳未満の者であって、次の第2号被保険者以外の者 第2号被保険者　被用者年金制度の被保険者、組合員 第3号被保険者　第2号被保険者の被扶養配偶者であって、20歳以上60歳未満の者
経　営　主　体	国
被保険者数	第1号被保険者 1,904万人　第2号被保険者 3,892万人　第3号被保険者 978万人（平成23年度末）
保　険　料	第1号被保険者（一般保険料）月額 15,040円[1]（付加保険料）月額 400円 第2号被保険者 第3号被保険者 }被用者年金制度から、基礎年金拠出金として国民年金に拠出
国庫負担	基礎年金給付費の1/3[2]、保険料免除期間に係る老齢基礎年金の給付に要する費用、付加年金給付費の1/4、事務費の全額

給　付	支　給　要　件	年　金　額
老　齢 基礎年金	保険料納付済期間と保険料免除期間とを合算した期間（合算対象期間も含む）が25年[3]以上である者が65歳に達したとき支給（支給の繰り上げ，繰り下げの制度がある）	$778,500円 \times \frac{\text{保険料納付}}{\text{済月数}} \times \frac{4}{8} + \frac{(\text{保険料1/2})}{(\text{免除月数})} \times \frac{5}{8} + \frac{(\text{保険料3/4})}{(\text{免除月数})} \times \frac{6}{8} + \frac{(\text{保険料1/4})}{(\text{免除月数})} \times \frac{7}{8}$ 480[4]
付加年金	付加保険料納付者が老齢基礎年金の受給権を取得したとき受給	200円×付加保険料納付済月数 厚生年金保険の配偶者加給の対象となっている妻には、振替加算がある
障　害 基礎年金	(1) 被保険者期間中に初診日のある傷病等で、障害認定日において障害等級表に該当する者に支給（初診日前の滞納期間が1/3未満の場合に限る[5]） (2) 20歳前に初診日のある傷病で、20歳に到達した日（または障害認定日）に障害等級表に該当する者に支給	1級　973,100円＋加算額 2級　778,500円＋加算額 （加算額は子〈18歳の誕生日の年度末を経過していない者または20歳未満の障害者〉2人目までは1人につき224,000円、3人目以上は1人につき74,600円）

遺族基礎年金	次のいずれかに該当する被保険者等が死亡したときに、生計を維持されているその者の子のある妻または子に支給。ただし、子は(1)か(2)に該当するときに限る。死亡前の滞納期間が1/3未満に限る。 (1) 被保険者 (2) 被保険者であって、日本国内に住所を有する60歳以上65歳未満の者 (3) 老齢基礎年金の資格期間を満たしている者	子のある妻に支給する場合 778,500円+加算額(子〈18歳の誕生日の属する年度の年度末を経過していない者または20歳未満の障害者〉2人目まで1人につき224,000円、3人目以上は1人につき74,600円) 子に支給する場合 778,500円+加算額(子が2人以上の場合、2人目の子には224,000円、3人目以上は1人につき74,600円)を子の数で割った額
遺族給付 寡婦年金	第1号被保険者期間で老齢基礎年金の支給要件を満たしている夫が死亡した場合に、10年以上継続して婚姻関係がある65歳未満の妻に60歳から65歳に達するまでの間支給(夫が老齢基礎年金・障害基礎年金を受給した場合を除く)	第1号被保険者期間としての老齢基礎年金によって計算した額×3/4
死亡一時金	第1号被保険者としての保険料納付済期間が3年以上の者(基礎年金受給者を除く)が死亡した場合に、その者の遺族に支給	保険料納付済期間に応じた額(12万円~32万円)付加保険料納付済期間が3年以上の場合8,500円を加算

備考)　1　平成25年4月現在。毎年280円(16年度価格)ずつ引き上げ、29年度以降16,900円(同)で固定する。

　　　2　平成16年度から引き上げ開始し、$\frac{1}{3}$ プラス $\frac{1}{1000}$、21年度までに2分の1に引き上げる。

　　　3　昭和5年4月1日以前に生まれた者については、生年月日に応じて24~20年の期間短縮措置がある。

　　　4　昭和16年4月1日以前に生まれた者については、25~39年の加入可能年数を12倍した数になる。

　　　5　平成28年3月までは、初診日々死亡した日のある月の前々月までの直近1年間に保険料滞納がなければ支給する。

出所)　厚生労働統計協会編(2013a) 196頁。

と厚生年金勘定(第2号被保険者と第3号被保険者)に繰り入れられるが，それらの勘定のなかで，それぞれの被保険者に関わる保険料とともに合算されて，年金特別会計のなかの基礎年金勘定に繰り入れられる(国民年金勘定から4.1兆円，厚生年金勘定から15.3兆円，特別会計外部の共済組合等から2.2兆円，合計で21.6兆円)。

基礎年金勘定に集められた拠出金等収入を財源として，基礎年金が給付される。給付額は，保険料を納めた期間によって決定される。すなわち，20歳から60歳になるまでの40年間，すべて保険料を納めた人には基礎年金給付が満額支給されるという仕組みである。その金額は年間78.6万円(月額に直すと6.6万円)である。基礎年金給付は，年金保険料を拠出した期間が短ければ，その分だけ満額から減額される仕組みである。[*]2012年3月時点の受給権者は2,864万人であり，平均給付額は月額で5.8万円であった。

2.4 厚生年金

被用者年金の代表として民間のサラリーマン等が加入する厚生年金を取り上げよう。適用事業所は，「常時5人以上の従業員を使用する事業所，法人の事業，船舶は強制適用事業」となり，「また，それ以外の事業所であっても，事業主が従業員の半数以上の同意を得た上，社会保険庁長官の認可を受けると任意適用事業所」となることができる。[**]2012年3月時点の適用事業所は1,740千件であり，被保険者は3,451万人である。

---

[*]ちなみに，国民年金の第1号被保険者は，自営業者・農業者・失業者やパート・アルバイトなので，景気やそれぞれの事情により，年金保険料の支払いが困難なこともある。そのために，年金保険料の拠出を免除する免除措置や後払いを認める猶予措置がある。
[**]厚生労働統計協会(2013a)137頁。

上述のように、2階部分の被用者年金の加入者は、同時に、1階部分の国民年金の第2号被保険者である。図表2.4.1にみるように、標準報酬月額に保険料率（17.120％）を乗じて算出される年金保険料は、被保険者本人と雇用主が半分ずつ負担する。また納付された年金保険料のなかから、定額の国民年金保険料（第3号被保険者の分も含む）を差し引かれた部分が、2階部分の報酬比例の年金の財源となる。

第2号被保険者への年金給付としては、国民年金制度からの基礎年金給付に、厚生年金等からの2階部分、すなわち現役時代の給与を反映する報酬比例の給付分が加わり、合計で現役の平均給与の5〜6割に相当するように設計されている。[*] 2012年3月時点で、厚生年金受給権者は1,484万人であり、厚生年金の老齢年金の平均月額は老齢基礎年金込みで16.1万円であった。したがって、国民年金第3号被保険者である妻の基礎年金の平均月額5.8万円を加えると、夫婦二人家族の場合には21.9万円になる。[**] ただし次項でみるように、年金給付にも現役期の経済格差が反映されるので、高齢世代のなかにも、その平均額をかなり下回る受給水準の階層も多くみられる点も見逃してはならない。

2.5　年金システムの問題点

コラム5にみるように、厚生労働省（2008）『厚生労働白書平成20年版』は、現在の日本の年金システムが、退職世代の主たる収入手

---
[*] 共済組合でも、保険の運営者が保険料率を定め、厚生年金と同じ仕組みで年金保険料が計算され、負担されている。
[**] 厚生労働省（2013a）237頁。

図表 2.4.1 厚生年金制度の概要

	厚 生 年 金 保 険
根 拠 法	厚生年金保険法（昭和29年5月19日法115）昭和29年5月29日施行（昭和16年法律第60号の全部改正）
対 象	70歳未満の一般被用者、船員、日本鉄道（JR）・日本たばこ産業（JT）・日本電信電話（NTT）の役職員、農林漁業団体等職員
経 営 主 体	国
被保険者数	3,451万人（平成23年度末）
財源 保険料率 本人／使用者／計	（一般男子と女子）8.56%／8.56%／17.120%[1]
国 庫 負 担	
給 付	
老齢給付 老齢厚生年金	支 給 要 件：老齢基礎年金の受給要件を満たしている者に65歳から支給 加給年金額は、受給権取得時に生計を維持する配偶者か子がいる場合に加算 （特別支給）老齢基礎年金の受給要件を満たしており厚生年金の被保険期間が1年以上ある者が、60歳に達した後65歳になるまで支給 （注）支給開始年齢は引上げ途上にあり、昭和36年4月2日（女子は昭和41年4月2日）以降生まれの人には支給されない。 年 金 額：（平均標準報酬月額 × $\frac{7.125^{5)}}{1000}$ × 平成15年3月までの加入期間月数）+（平均標準報酬額 × $\frac{5.481^{6)}}{1000}$ × 平成15年4月以降の加入期間月数）+ 加給年金額（配偶者 224,000円、子（18歳の誕生日の属する年度末を経過していない者または20歳未満の障害者）2人目まで1人につき224,000円、3人目以上は1人につき74,600円）× 改定率 （注）従前額保障等のための経過措置がある （1,676円 × 改定率 × 生年月日に応じた率 × 加入期間月数）+ 上記額（報酬比例 + 加給）

第2章　年金システム　43

障害給付	障害厚生年金	被保険者であった間に初診日のある傷病に関し、障害基礎年金の受給要件を満たしている者に障害の程度に応じて支給	1級　老齢厚生年金額（報酬比例）×1.25＋加給年金額 2級　老齢厚生年金額（報酬比例）＋加給年金額 3級　老齢厚生年金額（報酬比例、最低保障 583,900 円） （注）3級には障害基礎年金は対象外。
	障害手当金	障害厚生年金に準ずる（障害厚生年金に該当しない障害の程度）	老齢厚生年金額（報酬比例）×2（最低保障 1,150,200 円）
遺族給付	遺族厚生年金	被保険者または被保険者であった者が、次のいずれかに該当した場合に支給 (1) 被保険者が死亡したとき、または被保険者資格を喪失後被保険者であった間に初診日がある傷病により、初診日から5年以内に死亡したとき（遺族基礎年金と同様の国民年金の被保険者期間の要件が必要） (2) 障害厚生年金（1級、2級）の受給権者が死亡したとき (3) 老齢厚生年金の受給権者または老齢厚生年金の受給権者または老齢厚生年金の受給要件を満たしている者が死亡したとき	老齢厚生年金額 × $\dfrac{3}{4}$ （注）子のある妻か受給する場合、遺族基礎年金も支給される。 子のない寡婦で権利を取得した当時40歳以上の者等には40歳から65歳に達するまで583,900円を加算
	順位	配偶者	1
		子	1
		父母	2
		孫	3
		祖父母	4

備考）1　平成25年9月現在。なお、毎年9月分から0.354％ずつ引上げ、29年9月以降18.3％で固定する。
　　　2　日本鉄道、日本電信電話の各共済組合は平成9年4月に厚生年金保険に統合された。
　　　3　農林漁業団体職員共済組合は平成14年4月に厚生年金保険に統合された。
　　　4　昭和21年4月1日以前に生まれた者については、生年月日に応じて $\dfrac{9.5}{1000} \sim \dfrac{7.230}{1000}$ となる。
　　　5　昭和21年4月1日以前に生まれた者については、生年月日に応じて $\dfrac{7.308}{1000} \sim \dfrac{5.562}{1000}$ 円～ 円となる。

出所）厚生労働統計協会 (2013a) 197頁より作成。

段となって，生活を支えており，そのことが，「現役世代が親の経済的な心配をせずに安心して生活できることに寄与している」と述べている。

そしてその背景として，「都市化，核家族化の進展とともに，子どもによる老親の扶養が公的年金により代替されてきた」という経済社会の大きな構造変化を指摘している。本書の第1章でくわしく検討したように，戦後日本における長期的な経済成長によって，一方で「豊かな社会」が形成されたが，他方で経済発展の地域的な不均衡，非大都市圏から大都市圏への若年労働力を中心とする現役世代の流出，非大都市圏の衰退，過疎化等が生じ，そのなかで家族や地域の共同体の解体が進んだ。

したがって，20世紀後半の「豊かな社会」のなかで構築された年金システムは，その家族や地域の共同体の解体という状況下で，退職世代の扶養を社会的に行う仕組みであった。しかし，第2章の冒頭で指摘したように，21世紀に入ると年金システムを取り巻く諸条件が悪化しており，その合理化，効率化，スリム化が切実に要請されている。

20世紀後半の経済成長のなかで解体された人間的な共同体に代替するために構築された年金システムを縮小するとしても，はたして人間的な共同体は回復するのであろうか。歴史は不可逆的であり，一度解体したものは復元できないので，以前の人間的な共同体や，現在の20世紀型の寛大な年金システムの主要機能を継承する仕組みが模索されるしかないであろう。

ここでは，とりあえず，21世紀に目指されるはずの資源節約的な経済社会に整合するように，年金システムの膨張圧力を抑制する

仕組みについてみておこう。

第1の抑制の仕組みは，図表2.5.3にみるような年金受給の開始年齢の引上げである。1994年の制度改革によって，1階部分の基礎年金について3年ごとに1歳ずつ引上げることになった。1941（昭和16）年4月1日以前に生まれた男性の場合には，60歳になった

コラム5　寛大な年金制度の光と影

厚生労働省（2008）『厚生労働白書 平成20年版』（9～10頁）は「国民の高齢期の生活の主柱である公的年金」について，以下のように述べている。

高齢期の所得保障として，老齢年金がある。公的年金制度は，現役世代が納める保険料により現在の高齢者の年金給付を賄うという世代間扶養の仕組みによって成り立っているため，賃金や物価に応じて給付額を調整して高齢期の生活の支えとして実質的に価値ある水準の年金を支給することができるとともに，受給権者が亡くなるまでの間，終身にわたって年金支給が保障されることとなっていることから，国民の高齢期の生活の主柱となっている。実際に，高齢者世帯（65歳以上の者のみで構成するか，又はこれに18歳未満の未婚の者が加わった世帯をいう）の年金受給状況をみると，所得（2005［平成17］年では平均301.9万円）の約7割を年金が支えており，約6割の高齢者世帯はほとんど年金だけで生活している（図表2.5.1）。

老齢年金については，都市化，核家族化の進展とともに，子どもによる老親の扶養が公的年金により代替されてきたという効果にも留意することが必要である。図表2.5.2は，公的年金の給付水準と，65歳以上の者のいる世帯のうち三世代世帯及び65歳以上の者のみの世帯の割合の推移をみたものであるが，三世代世帯が減少し，65歳以上の者のみの世帯は増加している一方，公的年金の給付水準は充実してきている。親との同居は減ってきているが，年金給付の存在が，現役世代が親の経済的な心配をせずに安心して生活できることに寄与していることがわかる。

時点で1階部分（基礎年金）も2階部分（報酬比例年金）も受給できたが，1941（昭和16）年4月2日〜1943（昭和18）年4月1日に生まれた男性の場合には，1階部分は61歳から，2階部分は60歳か

図表 2.5.1　高齢者世帯の公的年金の受給状況

その他の所得 5.7%
公的年金・恩給以外の社会保障給付金 0.8%
財産所得 5.2%
稼働所得 18.0%
高齢者世帯の平均所得 301.9万円
公的年金・恩給 211.9万円（70.2%）

20%未満 2.5%
20〜40%未満 6.7%
40〜60%未満 8.8%
60〜80%未満 11.8%
80〜100%未満 10.3%
すべてが公的年金・恩給 59.9%
公的年金・恩給が総所得に占める割合

出所）厚生労働省（2008）10頁。

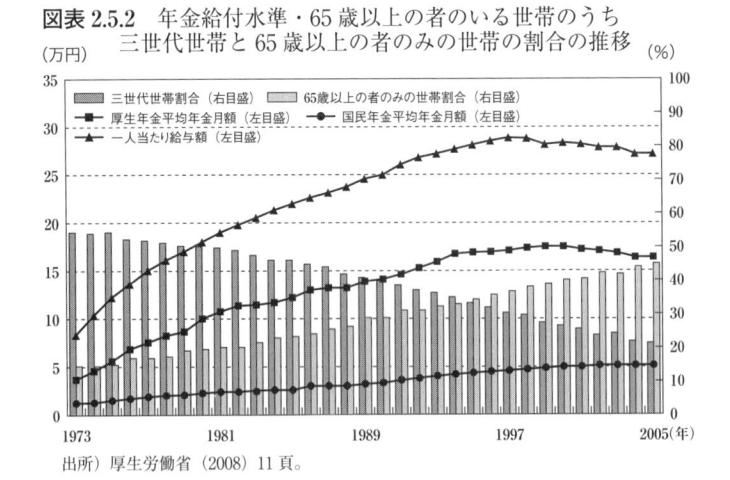

図表 2.5.2　年金給付水準・65歳以上の者のいる世帯のうち三世代世帯と65歳以上の者のみの世帯の割合の推移

（万円）　　　　　　　　　　　　　　　　　　　　　　（%）

凡例：
- 三世代世帯割合（右目盛）
- 65歳以上の者のみの世帯割合（右目盛）
- 厚生年金平均年金月額（左目盛）
- 国民年金平均年金月額（左目盛）
- 一人当たり給与額（左目盛）

出所）厚生労働省（2008）11頁。

らとなり，そして3年ごとに開始年齢が1歳引上げられるので，1949（昭和24）年4月2日以降に生まれた男性は，1階部分が65歳から，2階部分も65歳からとなった。女性の場合には，上記の男性の開始年齢引上げのスケジュールを5年遅れで追いかける形に設定された。

さらに2000年の改革によって，1階部分は65歳開始に固定されたままであるが，2階部分の受給開始年齢も引上げられるようになった。1953（昭和28）年4月2日～1955（昭和30）年4月1日に生まれた男性の場合，2階部分の受給開始が61歳に引き上げられた。そして3年ごとに開始年齢が1歳引上げられるので，1961（昭和

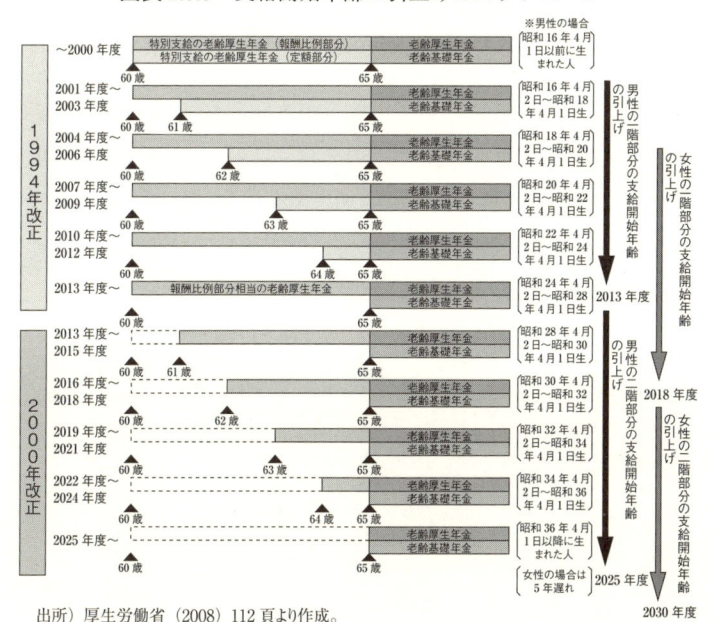

図表 2.5.3　支給開始年齢の引上げのスケジュール

出所）厚生労働省（2008）112頁より作成。

36）年4月2日以降に生まれた男性は，2階部分の受給開始が65歳からとなった。女性の場合には，上記の男性の開始年齢引き上げのスケジュールを5年遅れで追いかける形で設定され，2030年度に1966（昭和41）年4月2日以降に生まれた女性の2階部分の受給開始が65歳となることとなった。

　年金システムを抑制する第2の仕組みは，保険料水準の固定とマクロ経済スライドである（図表2.5.4）。本章の第1節で述べたように，退職世代の年金給付は退職時点に算定されてから固定されると，市場経済における変動リスクはすべて現役世代が引き受けることになる。特に1990年代以降の右肩下がりの基本傾向のなかで以前よりも変動リスクが増大して，しかも所得格差も拡大する状況下では，現役世代の可処分所得は20世紀よりもかなり悪い状態になる人々が増加したはずである。

　それゆえに，20世紀の繁栄の時代の拠出記録をベースに算定された年金の給付水準を，21世紀の悪化する経済状況のなかで維持することは，現役世代の所得に占める年金保険料負担の比重を増加させる危険がある。また，年金給付の財源のなかで租税資金の投入

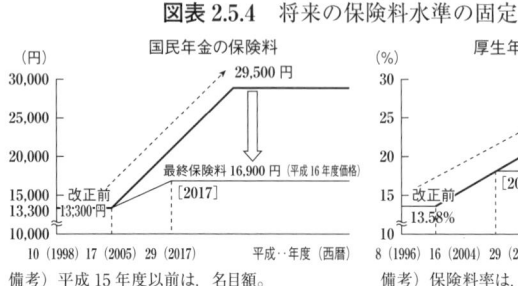

図表 2.5.4　将来の保険料水準の固定

国民年金の保険料
（円）
30,000 ─── 29,500円
25,000
20,000　　　　　最終保険料 16,900円（平成16年度価格）
　　　　　　　　［2017］
15,000　改正前
13,300　13,300円
10,000
　　10（1998）17（2005）29（2017）　　平成‥年度（西暦）
備考）平成15年度以前は，名目額。
出所）厚生労働省（2008）113頁。

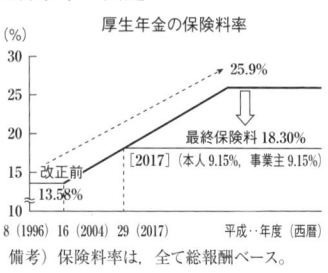

厚生年金の保険料率
（%）
30 ─── 25.9%
25
20　　　　　最終保険料 18.30%
　　　　　　［2017］（本人9.15%，事業主9.15%）
15　改正前
　　13.58%
10
　　8（1996）16（2004）29（2017）　　平成‥年度（西暦）
備考）保険料率は，全て総報酬ベース。

の比重を3分の1から2分の1に増したとしても,結局はその租税資金の多くは現役世代の負担となる。

21世紀における日本経済全体のリスクを,退職世代にも負担してもらう仕組みとして,現役世代の年金保険料をある水準で固定しておいて,それで賄える範囲に,退職世代の年金受給額を調整するというのである。2004年の改革によって,図表2.5.4にみるように,第1に最終的な保険料水準を厚生年金で18.30%,国民年金で1万6,900円(2004年度価格)に固定し,第2に被保険者数の減少などの条件変化に応じて,第3に給付水準を自動的に調整する仕組み(マクロ経済スライド)を導入している。*

最後に取り上げるのは,20世紀型の寛大な年金システムに代替する新しい政策として高齢者の就労機会の拡大を通して,結果的に年金システムへの依存を減らす方向の政策転換である。

第1章でみたように,21世紀には少子高齢化の進行のもと,人口全体に占める現役世代の比重が急速に低下する傾向が続くので,経験・技能の蓄積を有する高齢者層の就労継続が,各企業においても必要であり,またそれぞれの地域社会の再生においても活用されるべきであろう。おそらく,高齢者層の技能や能力を活用することは,第1に福祉国家への依存を減らすのみではなく,第2に,日本の経済社会全体の生産力の低下を防いで国際競争力を維持するという積極的な意義があり,さらに第3に,21世紀の地方分権型の「小さな政府」に向かうプロセスで,地域社会の再活性化のためにも有用な人的資源を提供することにもなろう。

＊この仕組みによって,2023(平成35)年度以降には,標準的な年金の給付水準は,現役サラリーマン世帯の平均的所得の50.2%となるものと見込まれている(厚生労働省,2008,113頁)。

第3章　医療保険

　アメリカ映画「ジョンQ」は，ここで検討する現代の「豊かな社会」における医療保険の問題にとって，きわめて示唆に富むもの

---- コラム6

　アメリカ映画「ジョンQ」の主役であるジョンQ（名優デンゼル・ワシントンが演じている）は，アメリカ・モデル経済社会の典型的なブルーカラーである。20世紀の「豊かな社会」で形成されたアメリカ・モデル福祉国家のなかであれば，雇用主提供医療保険によって医療リスクが保障されているはずであった。

　ジョンQはシカゴ市内の重機器の製造企業に15年勤務しているが，近年のグローバル化で中国等による国際競争の激化によって，その企業の経営が悪化したことが背景にあって，正規雇用から半日勤務のパートタイム雇用に格下げになり，それに伴って，雇用主から提供される医療保険のリスク・カバーの内容も削減されていた。この映画のストーリーの上で重要なのは，正規雇用の雇用主提供医療保険では子どもの心臓移植手術までも費用がカバーされていたが，半日雇用への格下げに伴う医療保険の内容変更のなかで，それが外されていたことである。

　しかしジョンQがそのことを初めて知ったのは，ひとり息子の心臓移植手術が必要になった時であった。息子をER（緊急救命室）に運び込み，さまざまな検査の後に大病院の経営責任者である院長や，心臓外科医長と面談した時に，以下の条件が提示された。第1に，雇用主提供医療保険によってその手術費用がカバーされないので，手術費の25万ドルが現金支払で必要となる。第2に，心臓移植者名簿に息子の名前を載せるためには手術費の3割に当たる7.5万ドルを支払

である（内容についてはコラム6を参照されたい）。

　第1に，20世紀末からのグローバル化のなかでいっそう厳しさを増した国際競争のもとで企業も含めて先進国経済の全体的な余力が縮小し，そのことが，医療保険システムにたいしても合理化と効率化の圧力を強めることである。

　そして第2に，そのような国際的な競争激化を外圧として，先進国内部の市場経済における経済格差が強まり，それが医療分野にも

医療リスクと「ジョンQ」

うことが条件となる。

　その条件を突きつけられたジョンQの経済状況は，第1に半日勤務のブルーカラーとしての税引き前年収は1.8万ドルであり，第2に持ち家も株式も債券も所有せず，預金は0.1万ドルであり，さらに第3に内容が引き下げられた雇用主提供医療保険の支払上限は2万ドルであった。

　さて，ジョンQは息子の心臓移植手術を要求して病院で人質立てこもり事件を起こした。その後いかなるストーリーを経てハッピーエンドに至るのかは映画を観ていただくとして，本書の問題意識に引き付けて興味深いのは，アメリカにおける医療格差問題では，雇用主提供医療保険がある企業においてさえも，その人のポジションによって提供される医療保険の内容に格差が生じるという事実があり，さらに典型的な現象として，このような雇用主提供医療保険を持たない低所得層や貧困者を中心に4,000万人以上の無保険者が存在している。すなわち，市場経済のなかで個人の獲得する経済力やポジションによって，医療保障の厚さや薄さも決定され，場合によってはほとんど医療保障のない状態にまで陥ることも多くみられるのである。

　このようなアメリカ・モデルと比較して，すでに第1章でみたように日本の福祉国家では，職業や経済力の変化があっても，かなりの水準の医療保障が提供される「皆保険」のシステムが構築されている。

鋭く反映することである。

コラム6にあるように、アメリカの場合には現役世代の医療保障について社会保険ではなく、雇用主が提供する医療保険を中心としているので、グローバル化に伴う競争激化によるコスト削減の圧力が高まるなかで格差がいっそう強まる傾向が典型的にみられる。

しかし、このような21世紀的状況下で国民全体においても、また個人とくに低所得層や社会的弱者の立場においても、20世紀に形成された寛大な福祉国家の主要分野であった医療保険についてさまざまな節約が要請する圧力は世界共通に高まるのであり、日本の皆保険システムについても同様の圧力が高まっている。このような問題意識をもって、医療と医療保険について検討しよう。

3.1　高齢社会の深化

第1章で詳しくみたように、21世紀の日本の人口構造は急激に少子高齢化の傾向を強めている。第2章で検討した年金の分野では、65歳以上の高齢者の人口が増加して、その人口全体に占める比重である高齢化率が高まり、年金給付額を膨張させ、その負担が日本経済にとって重いものになる。

医療保険の分野では、65歳以上の高齢者の増加だけではなく、その高齢化率の高まりのなかで、さらに75歳以上の後期高齢者の比率が高まるという「高齢社会の深化」が医療費のいっそうの膨張をもたらす要因となる。

前出図表1.5.1（第1章）で、その「高齢社会の深化」についてみておこう。

第1に、65歳以上の高齢者人口は一貫して増加し、2000年には

2,201万人に達している。特に、総人口の増加が鈍る1990年代から、逆に、高齢者人口の増加速度がいっそう強まって、その勢いは2020年まで続き、3,612万人になることが予想されている。

第2に、高齢者人口を総人口で除した高齢化率は、1990年に12.0％であったのが2000年17.3％、2010年22.8％に増加しており、さらに2020年には29.1％になることが予想される。

そして第3に、高齢者人口の全体が増加速度を強めるトレンドのなかで、さらに後期高齢者（75歳以上）の増加速度がそれを上回る勢いで強まっている。高齢者人口が1990年の1,489万人から2010年の2,925万人に増加する間に、後期高齢者は597万人から1,407万人に増加し、その結果、高齢化率が1990年の12.0％から2010年の22.8％に伸びる間に、75歳以上人口割合は4.8％から11.0％になっている。さらに、2020年には後期高齢者が1,879万人、75歳以上人口割合が15.1％になることが予想されている。

以上のことから、一方で総人口は減少傾向に転じるが他方では高齢者人口はいっそう増加速度を強めるので、高齢化率の増加が急傾斜となり、さらにその高齢者人口のなかでも、75歳以上の後期高齢者の比率が増加するということを、「高齢社会の深化」と定義すれば、それは、21世紀の福祉国家にとって極めて重大なインパクトを有するものとなる。

なぜなら、その「高齢社会の深化」は一人当たりの医療費を高くするからである。節をあらためて、その点について検討を進めよう。

3.2 高齢化と一人当たり医療費

図表3.2.1で、国民医療費を年齢階級別に分けてみてみよう。全

図表 3.2.1 年齢別国民医療費（2011 年度）

	国民医療費			人口	
	億円	（％）	一人当たり（千円）	（千人）	（％）
総数	385,850	100.0	301.9	127,799	100.0
65 歳未満	171,353	44.4	174.8	98,046	76.7
0-14	24,835	6.4	148.7	16,705	13.1
15-44	51,257	13.3	109.6	46,784	36.6
45-64	95,261	24.7	275.7	34,557	27.0
65 歳以上	214,498	55.6	720.9	29,753	23.3
75 歳以上（再掲）	131,227	34.0	892.2	14,708	11.5

出所）厚生労働省（2013d）より作成。

体の国民医療費が 38.6 兆円であるのに対して，65 歳未満の年齢階層が 17.1 兆円を，65 歳以上の階層が 21.4 兆円を使っている。構成比に換算すると 65 歳未満層が 44.4％，65 歳以上層が 55.6％である。他方，人口をみると，65 歳未満層が 9,805 万人（76.7％），65 歳以上層が 2,975 万人（23.3％）である。

すなわち，人口の 2 割を占める 65 歳以上の高齢者が国民医療費の半分以上を使っていることになる。

さらに同表で，一人当たりの医療費を年齢階層でみると，65 歳未満層が 175 千円，65 歳以上層が 721 千円であり，高齢者層が約 4 倍になっている。特に高齢者のなかでも 75 歳以上の後期高齢者の階層では 892 千円の高水準であり，この階層は人口に占める比重が 1 割であるにもかかわらず，国民医療費の 3 割以上を使っている。

前節でみた「高齢社会の深化」と，この年齢階層別の医療費の検討を結びつけると，以下のように考えられる。一人当たりの医療費単価が大きい高齢者層が，全体の人口の伸びが停滞するなかで増加

し続けたことが，国民医療費の膨張の主要因となり，さらに21世紀には，全体の人口が減少するなかで高齢者人口は増加を続け，またその絶対的にも相対的にも増加する高齢者層のなかでも，より医療費単価が高くなる後期高齢者の階層が最も強い勢いで増加することが予想されるのであるから，国民医療費の膨張圧力も強まらざるを得ないはずである。

前章でみた年金システムの場合には，人口や経済全体の動向によって決まる大きな枠組みのなかに年金給付額を抑えるマクロ経済調整という仕組みが形成されており，大衆民主主義という意思決定のプロセスで納得して実施されれば，年金システムの合理的な運営は可能である。それは個人の次元でわかりやすくいえば，21世紀の経済社会の環境が要請するのであれば，高齢世代が「適度に生活を切り詰めること」で年金給付の抑制を受け入れて，日本の経済社会におけるバランス維持に寄与できることになる。

しかし医療費については，「医療サービスを我慢すること」が，できる場合とできない場合がある。「ある時点で医療サービスを我慢すること」が，かえって重病化につながって医療サービスを多く使うことになるかもしれない。そのための専門的な判断を任された医師の側では，リスク回避のために，安全策を多用するかもしれない。人間は，いずれは死を逃れることができないので，その死にいたる過程で，多量の医療サービスが使われることが多い。

人生は，生・老・病・死の段階を経るものであり，その順番に年齢を重ねながら次第に多くの医療サービスを必要とし，図表 3.2.1 にみたように，一人当たり医療費も増加していく。

次に図表 3.2.2 で，具体的な傷病についてみておこう。国民医療

図表 3.2.2 傷病別の一般診療医療費 (2011 年度)

	金額（億円）			一人当たり金額（千円）		
	全体	65歳未満	65歳以上	全体	65歳未満	65歳以上
合計	278,129	118,391	159,738	217.6	120.8	536.9
循環器系の疾患	57,926	14,185	43,741	45.3	14.5	147.0
新生物	36,381	15,168	21,213	28.5	15.5	71.3
呼吸器系の疾患	21,707	12,577	9,130	17.0	12.8	30.7
筋骨格系及び結合組織の疾患	20,898	7,548	13,350	16.4	7.7	44.9
内分泌，栄養及び代謝疾患	19,928	8,153	11,775	15.6	8.3	39.6
腎尿路生殖器系の疾患	19,833	8,659	11,174	15.5	8.8	37.6
精神及び行動の障害	19,050	11,206	7,844	14.9	11.4	26.4
消化器系の疾患	16,505	7,310	9,195	12.9	7.5	30.9
その他	65,901	33,585	32,316	51.6	34.3	108.6

出所）厚生労働省（2013d）第 13 表より作成。

費のなかの一般診療医療費における主たる傷病について，65 歳未満層と 65 歳以上層に分けて示されている。ちなみに，国民医療費 38.6 兆円のなかで一般診療医療費は 27.8 兆円を占めており，それ以外には歯科診療医療費が 2.8 兆円，薬局調剤医療費が 6.6 兆円である。

第 1 に，人口の 2 割を占めるにすぎない 65 歳以上の高齢世代が，一般診療医療費 27.8 兆円のなかで 16.0 兆円（58％）を使っている。一人当たりの金額でも 65 歳未満層が 12.1 万円であるのに対して，65 歳以上層は 4.4 倍の 53.7 万円である。

第 2 に，高齢世代で最も医療費がかかる傷病名は「循環器系の疾患」（心臓病や脳卒中）である。一般診療医療費のなかで 27％を占め，一人当たりの金額は 14.7 万円である。65 歳未満層では一人当たり金額が 1.5 万円であり，構成比も 12％であり，高齢世代との違

いが最も顕著になっている。

第3に,高齢世代で2番目に多いのは「新生物」(がん等)の項目である。構成比は13％であり,一人当たりの金額は7.1万円である。それ以外にも,「筋骨格系及び結合組織の疾患」,「内分泌,栄養及び代謝疾患」(糖尿病等),「腎尿路生殖器系の疾患」という傷病名があがっている。

3.3 国民医療費の膨張

国民医療費は急傾斜で伸び続けている(図表3.3.1)。もっとも1973(昭和48)年の石油危機以降の強インフレや,逆に1990(平成2)年以降のバブル崩壊のもとでのデフレなどの要因のゆえに,長期的なトレンドをみるときは,名目額の推移よりも,国民医療費をGDPで除した比率(以下では対GDP比率)をみる方が有効であろう。＊

第1の特徴として,1955年度から2010年度にいたる半世紀の長期にわたって,対GDP比率が2.78％から7.79％にまで増加するという長期トレンドがある。第1章でみたように,第2次大戦後の長期的で持続的な経済成長による「豊かな社会」のなかで比較的寛大な福祉国家が構築され,そのひとつのあらわれがこの基本トレンドである。

その要因としては,一方では経済成長による日本経済全体の経済余力を医療という分野に導く仕組みとして医療保険システムの整備と拡充があり,他方では人口高齢化等による医療サービスの需要に対する提供能力の量的及び質的な増大があった。医療保険システム

＊以下の計数的な変化の背後にある歴史的な要因についての記述は,主として以下の文献を参考にしている。厚生労働省(2007)の第1章第2節「これまでの医療保険制度の歩み」。

の整備及び拡充では，第1に，被用者保険の加入者でない者に対して，市町村の運営する国民健康保険に強制加入とすることで，1961年以降，すべての国民が一定の自己負担で必要な医療を受けることができる国民皆保険制度が確立した。[*]第2に，被保険者の自己負担割合の削減や，高額療養費支給制度（1968年創設，自己負担分の一定額，月額3万円（当時）以上を超える額を支給する）や，老人医療費無料化（1972年の老人福祉法改正によって1973年から老人医療費支給制度が実施された）があった。

また，医療サービスの提供能力の量的及び質的な増大とは，医師数及び医療施設数の増大，技術的な進歩による高価な医療の増加であるが，[**]それは，上記のような社会保険による皆保険システムが確立されて，増大する医療サービスの支払いが保証されることが重要な前提条件であったといえよう。なぜなら，日本の医療保障システムでは，医療サービスの供給は民間部門が大きな比重を占め，民間部門は採算をとるようにビジネスとして運営するが，その代金の支払いの面では，社会保険という公的な仕組みが保証する役割を果たすという構造になっており，それは，本章の冒頭のコラムで示したアメリカ・モデルとは本質的に異なる特徴といえよう。

他方，医療費の膨張のなかで，老人医療費の無料化によって，高齢者による「必要以上に受診が増えて病院の待合室がサロン化した」との問題が指摘されたり，「介護サービスを必要とする高齢者

---

[*] 1958（昭和33）年に，市町村に住所を有する者を強制加入とする国民健康保険法の全面改正が行われ，1959年に施行され，1961年に市町村に対してその実施が義務となった。

[**] 1970年代以降，自動分析器やCTやMRIが開発され，また，メスによって胸や腹を開いて行う手術に代わって，カテーテルや内視鏡による高度な非開胸や非開腹の手術が盛んに行われ，医療費増大の一因になったといわれている。厚生労働省（2007）17頁。

図表 3.3.1 国民医療費と対 GDP 比率

年度	国民医療費 （億円）	対 GDP 比率 （％）
1955	2,388	2.78
1960	4,095	2.45
1965	11,224	3.32
1970	24,962	3.32
1975	64,779	4.25
1980	119,805	4.82
1985	160,159	4.85
1990	206,074	4.56
1995	269,577	5.42
2000	301,148	5.98
2005	331,289	6.56
2010	374,202	7.79

出所）厚生労働省（2013d）10 頁より作成。

の受け皿が家庭や福祉施設で乏しいとともに，社会福祉施設に入所するよりも入院の方が容易な上，老人医療費が無料であるため医療機関に入院する方が，費用負担が軽いこともあって，いわゆる『社会的入院』を助長している」と批判された。[*]

また，医療費膨張のなかでも突出する老人医療費が，地方公共団体が運営する国民健康保険に集中したが，それは，現役期に被用者保険に加入していた人が退職後には地域保険の国民健康保険に加入してくるからであった。そして，1982 年に成立した老人保健法（仕組み等については後述）によって，現役世代を中心とする被用者保険（政府管掌健康保険，組合管掌健康保険，各種共済組合等）にも分

＊厚生労働省（2007）16 頁。

担させる財政調整のメカニズム(詳しくは後述)をつくり,また,高齢者にも自己負担を求めるようになった。

さらに,介護保険制度が2000(平成12)年から実施され,上記の「社会的入院」にみられるような「医療保険制度が事実上担っていた老人医療のうち,介護的色彩の強い部分が介護保険に移行する」こととなった。[*]

しかし,その後の1990年代以降には,一方でバブル崩壊後に日本経済が長期的に停滞し,他方で人口高齢化がいっそう進展して医療費の膨張圧力が強まったことで,対GDP比率が急傾斜で増加したのである。

以上みてきた歴史的経緯と21世紀的状況のなかで,日本の医療保険システムがいかなる仕組みで医療保障を担っているのかを,節を改めて検討しよう。

3.4 医療保険システムの構造

1 全体の構造

図表3.4.1で国民全体がどの医療保険制度にカバーされることで皆保険システムが実現されているのかをみよう。第1に企業や役所や学校に勤めている人とその扶養家族が加入するのが被用者保険(協会けんぽ,組合健保,船員保険,共済組合)であり,その加入者を合計すると7,361万人である。第2に自営業者や退職者等が加入する国民健康保険の加入者は3,466万人であり,第3に後期高齢者医療制度(75歳以上)は152万人である。

---

[*]厚生労働省(2007)20頁。

図表3.4.1 制度別加入者と平均年齢 (2011年度)

	健康保険		船員保険	共済組合			国保		後期高齢者医療制度	合計
	協会けんぽ	組合健保		国家公務員共済	地方公務員共済	私学共済	市町村国保	国保組合		
保険者数	1	1,431	1	20	64	1	1,717	164	47	3,446
加入者 (万人)	3,512	2,936	13	229	584	87	3,466	302	1,517	12,646
被保険者数 (万人)	1,988	1,554	6	108	290	52	3,466	302	1,517	9,283
被扶養者数 (万人)	1,524	1,382	7	121	294	35				3,363
被保険者平均年齢	44.0	41.9	47.8	41.2	43.6	42.4	50.4	39.3	82.0	
平均標準報酬月額 (万円)	27.6	36.6	38.9	40.2	42.2	37.6				
平均保険料率 (%)	10.00	8.34	9.45	7.71	9.52	6.70				
事業主負担分	5.00	4.56	4.90	3.86	4.76	3.35				
被保険者負担分	5.00	3.79	4.55	3.86	4.76	3.35				
加入者一人当たり保険料年額 (万円)	20.9	23.4	21.6	22.0	26.9	22.7	8.3	14.1	6.7	
給付費計 (億円)	47,499	36,535	215	2,624	8,358	1,256	91,704	4,611	126,419	319,222
国庫負担 (億円)	11,539	36	35	0	0	0	30,904	2,930	39,806	85,290

出所) 厚生労働省 (2013b) より作成。

被用者保険のなかでは、中小企業等の被用者を対象とする協会管掌健康保険（協会けんぽ、3,512万人）と、大企業被用者の組合管掌健康保険（組合健保、2,936万人）と、国家公務員や地方公務員か私立学校教職員の共済組合（合計900万人）が中心である。国民健康保険では、市町村が運営する市町村国民健康保険（3,466万人）が最大の制度である。*

同図表で、主要な医療保険である協会管掌健康保険と組合管掌健康保険と国民健康保険に立ち入ってみよう。

第1に、最大規模の国民健康保険は地域保険であり、全国の1,717の市町村が運営している。加入者平均年齢は50.4歳である。中小企業の現役労働者を対象とする被用者保険である協会管掌健康保険は、全国健康保険協会によって運営され、平均年齢は44.0歳である。大企業被用者の組合管掌健康保険は、それぞれに設立された1,431の健康保険組合によって運営されており、平均年齢が41.9歳である。

第2に、この3つの医療保険制度は経済的な基盤に格差がある。被用者保険の保険料の計算根拠となる標準報酬月額（後に詳しく述べる）の平均額を比較すると、中小企業の協会管掌健康保険が27.6万円、大企業の組合管掌健康保険は36.6万円であり、さらに国民健康保険の場合には退職高齢者や低所得者も加入しており、最も経済基盤が弱いと思われる。「加入者一人当たり保険料」の欄をみると、被用者保険の場合には本人負担に加えて事業主負担もあるので、それを合計すると、協会管掌健康保険が20.9万円、組合管掌健康

---

*国民健康保険組合は、医師、歯科医師、薬剤師、土木建築業、理容美容業等の同業者が300人以上で組織した公法人として運営されるものである。

保険は 23.4 万円であるが，自営業者や退職者の国民健康保険の場合には事業主負担がないので 8.3 万円である。

第 3 に，そのように保険料収入の基盤に格差がある状況に対して，日本の福祉国家システムの大きな特徴として，政府部門が租税資金を投入してその格差を均す仕組みがある。同表の「国庫負担」の欄をみると，財政的に弱い国民健康保険に 3 兆 0,904 億円を投入するのに対して，協会管掌健康保険には 1 兆 1,539 億円の投入であるが，組合管掌健康保険には 36 億円にすぎない。加入者一人当たりの国庫負担額を算出すると，国民健康保険が 8.9 万円，協会管掌健康保険が 3.3 万円であり，組合管掌健康保険は 120 円である。[*]

2 国民健康保険

国民健康保険法の第 5 条において，「市町村又は特別区（以下単に「市町村」という。）の区域内に住所を有する者は，当該市町村が行う国民健康保険の被保険者とする」という規定があり，そして，適用除外として，第 6 条で，他の被用者保険（協会管掌健康保険，組合管掌健康保険，国家公務員共済組合・地方公務員共済組合等）の加入者や，生活保護受給世帯等は除外されるとなっている。さらに，2008 年からの後期高齢者医療制度が実施されてからは，その加入者も除外される。

すなわち，国民は自分の住む地方公共団体の国民健康保険に加入することが原則的な規定であり，その原則を前提として，被用者保険や後期高齢者医療制度や生活保護制度に該当するものは，除外されるという基本論理である。したがって，それらの制度の適用が終

---

[*] 国民健康保険には国庫負担に加えて，都道府県や市町村の地方公共団体からも租税資金の投入があり，後に立ち入って検討する。

われば，基本的な制度としての国民健康保険に戻るということになり，その仕組みが日本の皆保険システムを支えている。ただし，国民健康保険は社会保険であるので，加入して給付の権利を獲得するには，社会保険料の拠出が最大の前提条件となる。それゆえに，社会保険料を納付できない経済状況に陥った場合に，生活保護というセーフティネットが機能しなければならない。しかし本来的には，国民のすべてが保険料を納付して国民健康保険あるいは被用者保険でカバーされるというのが，基本である。

次に図表3.4.2で給付内容をみよう。

第1に，医療給付については基本的に，財政基盤の強弱にもかかわらず，同じ給付内容であり，そのような公平性を維持するために前述の租税資金の投入による財政調整的な仕組みが存在している。

第2に医療給付では，義務教育就学後から70歳未満が7割（自己負担3割），義務教育就学前が8割，70歳以上75歳未満が8割である。

第3に高額療養費（自己負担限度額）の制度があり，同表にみるように，一般的には1ヵ月に自己負担が8万0,100円を超えると，超過分のほとんどが医療保険制度から給付され，上位所得者や低所得者，あるいは高齢者にはそれぞれの水準が決められる。

第4に，現金給付には，出産育児一時金，葬祭費，傷病手当金，出産手当金があり，その給付水準については制度間に若干の格差があり，財政力の強弱によるものと思われる。

国民健康保険の保険料（保険税）は，所得割，資産割，被保険者均等割，世帯別均等割の4つの課税方式を組み合わせて，算出される。なお具体的な算出方法については，コラム7を参照されたい。

図表 3.4.2 主要医療保険制度の給付内容（2012年度）

	協会けんぽ	組合健保	国民健康保険
医療給付			
一部負担	義務教育就学後から70歳未満は3割、義務教育就学前は2割，70歳以上75歳未満は2割（ただし現役並み所得者（住民税課税所得145万円以上）は3割）		
入院時食事療養費	1食につき260円，低所得者には軽減措置あり		
入院時生活療養費	1食につき460円＋1日につき320円，低所得者には軽減措置あり		
高額診療費制度	・自己負担限度額 （70歳未満の者） 　（上位所得者）・150,000円＋（医療費－500,000円）×1％ 　（一般）・80,100円＋（医療費－267,000円）×1％ 　（低所得者）・35,400円 （70歳以上75歳未満の者） 　（現役並み所得者）・80,100円＋（医療費－267,000円）×1％ ・外来（個人ごと）44,400円 　（一般）・62,100円、外来（個人ごと）24,600円 　（低所得者）・24,600円、外来（個人ごと）8,000円 　（低所得者のうち特に所得の低い者）15,000円、外来（個人ごと）8,000円 ・世帯合算基準額 ・70歳未満の者については、同一月における21,000円以上の負担が複数の場合は、これを合算して支給 ・多数該当の負担軽減 ・12月間に3回以上該当の場合の4回目からの自己負担限度額 　70歳未満：（上位所得者）83,400円，（一般）44,400円，（低所得者）24,600円 　70歳以上の現役並み所得者及び一般：44,400円 高額医療・高額介護合算制度 1年間（毎年8月〜翌年7月）の医療保険と介護保険における自己負担の合算額が著しく高額になる場合に、負担を軽減する仕組み。自己負担限度額は、所得と年齢に応じきめ細かく設定。		
現金給付	・傷病手当金 ・出産育児一時金等 ・葬祭費	・傷病手当金 ・出産育児一時金等 ・葬祭費	・出産育児一時金 ・葬祭費

出所）厚生労働省（2013a）資料編，26頁より作成。

3 八王子市の国民健康保険の財政

ここでは，東京都の八王子市を事例として取り上げ，具体的な国民健康保険の姿をみておこう。

八王子市の国民健康保険の被保険者は（2012年度），総数16万1,364人のなかで，一般被保険者が15万1,271人，退職被保険者等が1万0,093人であった。図表3.4.3で八王子市の国民健康保険特別会計（2012年度決算）の歳入と歳出の基本構造を検討しよう。

第1に，歳入合計602.1億円のなかで，国民健康保険税は117.3億円で，19.5％を占めるにすぎず，八王

図表 3.4.3　八王子市の
国民健康保険特別会計
（2012年度決算，百万円）

国民健康保険税	11,730
国庫支出金	11,511
療養給付費交付金	3,172
前期高齢者交付金	14,575
共同事業交付金	5,904
都支出金	3,364
繰入金	8,445
その他	1,507
歳入合計	60,208
保険給付費	39,181
後期高齢者支援金等	7,903
介護納付金	3,205
共同事業拠出金	5,982
その他	2,685
歳出合計	58,956

出所）八王子市（2013）より作成。

子市の一般会計からの租税資金の繰入84.5億円を加えた金額201.8億円でも比重は33.5％である。むしろ国及び東京都という上級政府からの支出金（148.8億円，比重24.7％）や，前期高齢者交付金（145.8億円，比重24.2％：65～74歳の前期高齢者の給付について，高齢者の少ない被用者保険の諸制度からの財政移転であり，後に詳しく説明する）という外部資金が大きな役割を果たしている。

第2に歳出589.6億円の内容をみると，それらの財源を使って，保険給付費391.8億円が賄われており，これ以外には，後期高齢者医療制度への拠出が79.0億円，介護納付金（国民健康保険税と一緒に徴収された介護保険料）32.1億円（コラム7参照），共同事業への拠

出 59.8 億円がある。共同事業とは，主として，高額医療費（診療報酬 1 件当たり 80 万円以上）について，その財政的影響を緩和するために，国及び都道府県からの財政援助も受けて，市町村が共同でリスクを引き受ける制度であり，歳入のなかの共同事業交付金はその

コラム 7　八王子市の国民健康保険の保険税

具体例として取り上げる八王子市における国民健康保険の保険税は以下のような算出式が用いられている。

第 1 に，世帯の国民健康保険税は，(A) 医療給付費分と，(B) 後期高齢者支援金分と，(C) 介護納付金分を合計したものである。

第 2 に，(A) 医療給付費分は，(イ) 所得割額（所得に応じて計算する額：[前年の総所得金額等 − 基礎控除 33 万円] × 4.5%：加入者ごとに計算する）と，(ロ) 均等割額（世帯の加入者に応じて計算する額：世帯の中で国民健康保険に加入している人数 × 23,000 円）の合計であり，課税限度額が設定されており，(イ) + (ロ) の合算額が 51 万円を超えた場合は 51 万円になる。

第 3 に，(B) 後期高齢者支援金分は，(ハ) 所得割額（所得に応じて計算する額：[前年の総所得金額等 − 基礎控除 33 万円] × 1.4%：加入者ごとに計算する）と，(ニ) 均等割額（世帯の加入者に応じて計算する額：世帯の中で国民健康保険に加入している人数 × 7,000 円）の合計であり，課税限度額が設定されており，(ハ) + (ニ) の合算額が 14 万円を超えた場合は 14 万円になる。

第 4 に，(C) 介護納付金分（40 歳から 64 歳までの介護保険 2 号該当者が対象となる）は，(ホ) 所得割額（所得に応じて計算する額：[前年の総所得金額等 − 基礎控除 33 万円] × 1.4%：該当者ごとに計算する）と，(ヘ) 均等割額（世帯の該当者に応じて計算する額：世帯のうち国民健康保険に加入している 40 歳から 64 歳までの人数 × 10,000 円）の合計であり，やはり課税限度額が設定されており，(ホ) + (ヘ) の合算額が 12 万円を超えた場合は 12 万円になる。

(出所：八王子市 (2013) より作成。)

システムからの受け入れである。

以上みたように、市町村レベルの地方公共団体によって国民健康保険は運営されるが、その財源については、国及び都道府県という上級政府、さらには他の医療保険制度（協会管掌健康保険、組合管掌健康保険等の被用者保険）からの財政移転が大きな比重を占めている。

このようにして運営される国民健康保険が、上述のように、日本の皆保険システムの要として機能しているのである。

4 協会管掌健康保険

被用者保険である協会管掌健康保険の「適用事業所」について、健康保険法第3条で、第1に製造業、土木、建築、鉱物採掘、電気事業、運送事業、販売事業、金融・保険業、通信業等の民間のほとんどすべての業種を指定して、第2に「常時5人以上の従業員を使用する」という事業所の規模を規定している。

ただし、もう一つの被用者保険である組合管掌健康保険について、700人以上の規模の事業主が健康保険組合を設立できるので（2つ以上の事業主が共同する総合組合の場合には3,000人の規模）、協会管

図表 3.4.4 協会けんぽの事業所規模（2011年度）

規模	事業所数		被保険者数	
		(％)	人	(％)
29人以下	1,508,145	93.0	7,631,236	39.6
30-99人	85,904	5.3	4,382,442	22.7
100-499人	24,566	1.5	4,667,026	24.2
500-999人	1,763	0.1	1,189,265	6.2
1,000人以上	721	＊	1,407,108	7.3
合計	1,621,099	100.0	19,277,077	100.0

備考）＊は0.05未満。
出所）厚生労働統計協会（2013a）57頁より作成。

掌健康保険は500人規模以下の事業所が多いのは，図表3.4.4にみるとおりである。2005年度における被保険者1,928万人のなかで，事業所規模が500～999人規模が119万人，1,000人以上規模が141万人であり，それらを合計すると260万人であり，すなわち，事業所規模が500人を超える部分の比重は13.5％である。逆にいえば，協会管掌健康保険の被保険者の86.5％が500人未満の中小企業の労働者である。

保険料は，標準報酬月額に保険料率（2011年度は平均で千分の95）を乗じて算出される。標準報酬月額は，その被保険者の給与賃金等の報酬月額を標準等級表（一定の金額の幅で階級別に区分している）にあてはめて決定され，たとえば報酬月額10.11万～10.7万円の範囲の場合には標準報酬月額は10.4万円となり，保険料率を乗じると9,880円となり，それを被用者と事業主で折半して負担している。前述のように，中小企業の協会管掌健康保険は，大企業の組合管掌健康保険に比べて，被保険者の標準報酬月額が低く，したがって，保険料も低いはずである。

図表3.4.2に戻って給付内容をみると，主たる医療給付の部分は，先に検討した国民健康保険と同様であるが，出産育児一時金や傷病手当金や出産手当金という現金給付の部分では，国民健康保険よりもやや高い給付水準になっている。

5 組合管掌健康保険

上述のように，700人以上の規模の事業主（2つ以上の事業主が共同する総合組合の場合には3,000人の規模）は健康保険組合を設立して，協会管掌健康保険から分離した形で，被用者に対して独自の医療保険を提供できる。

図表 3.4.5 組合健保の保険料階層別組合数
(2012 年 2 月末)

保険料率	組合数	構成比（%）
合計	1,443	100.0
千分の 70 未満	254	17.6
千分の 70	47	3.3
千分の 70 超～75 未満	134	9.3
千分の 75	43	3.0
千分の 75 超～80 未満	156	10.8
千分の 80	80	5.5
千分の 80 超～85 未満	199	13.8
千分の 85	41	2.8
千分の 85 超～90 未満	153	10.6
千分の 90	52	3.6
千分の 90 超～95 未満	179	12.4
千分の 95	50	3.5
千分の 95 超	55	3.8

出所）厚生労働統計協会（2013a）63 頁より作成。

　先にみたように，大企業の組合管掌健康保険は，中小企業の協会管掌健康保険に比べて，標準報酬月額が高いので，保険料率を低くすることができた。図表 3.4.5 で保険料階層別の組合数をみると，協会管掌健康保険（協会けんぽ）の全国平均の保険料率である千分の 95 を下回るのは，1,443 組合のなかで 1,338 組合であり，比重は 92.7% である。保険料率が千分の 70 以下（協会けんぽの平均料率の 74%）は 301 組合もあり，その比重は 20.9% であり，また保険料率が千分の 80 以下（協会けんぽの平均料率の 84%）では 714 組合となり，その比重は 49% である。

　さらに組合管掌健康保険の場合には，協会管掌健康保険と同じ法定

給付に加えて付加給付も行っており，企業福利の色彩も帯びている。

6 後期高齢者医療制度

2008年度から，それぞれの市町村が運営する老人保健制度から，都道府県別に形成される後期高齢者医療広域連合が運営する後期高齢者医療制度に移行した。[*]

そもそも，1983年老人保健法で老人保健制度が創設されたのは，サラリーマン等の被用者が退職後に，現役期の被用者保険から地域保険である国民健康保険に移るので，国民健康保険が被用者保険に比べて老人比率が際立って高くなり，日本の人口高齢化と医療費膨張の全体のトレンドのなかで，とりわけ国民健康保険に財政的な負担が集中することへの対応策としてであった。各市町村が運営する老人保健制度に対して，国や都道府県から租税資金が投入されるだけではなく，被用者保険からも拠出金が社会保険診療報酬支払基金のルートを通して提供された。

2008年度からの後期高齢者医療制度への移行における大きな変化は以下のごとくである。

第1に，運営主体（保険者）が，都道府県別に形成される後期高齢者医療広域連合となり，これまで老人保健制度の運営者であった市町村は，その連合に加入することとなった。75歳以上の後期高齢者は，それまでの保険制度（国民健康保険等）から後期高齢者医療制度に移行したので，後期高齢者が医療機関で医療を受ける際に，以前は国民健康保険等の加入制度の保険証と，老人医療受給者証の2枚を提示したが，新制度では後期高齢者医療制度の被保険者証だ

---

[*] 後期高齢者医療制度については以下の文献を参考にした。厚生労働省（2007）『平成19年版厚生労働白書』，厚生労働統計協会編（2013a）

けを提示することとなった。

　第2に，老人保健制度の歳入は，日本の各医療保険制度（国民健康保険や各被用者保険）が分担する形で拠出する資金（5割）と，国・都道府県・市町村からの租税資金繰入（5割）であり，老人保健制度でカバーされる75歳以上の後期高齢者は自らの加入する医療保険制度に保険料を納めていたが，後期高齢者医療制度では，後期高齢者は直接に納める保険料（全費用の1割）と，現役世代の保険制度（国民健康保険や各被用者保険）からの支援金（4割）と，国・都道府県・市町村からの租税資金繰入（5割）という構成になった。

　以上みたような制度上の変更もあったが，基本的には，75歳以上の高齢者の相対的に重い医療費を，前出図表1.8.1でみたように，日本の皆保険システムを構成する各医療保険制度が分担する仕組みと，さらにその財政調整の仕組みを政府部門の租税資金の投入によって支えるという本質的な役割は変化していないと考えられる。

　さまざまな被用者保険や，地域保険の国民健康保険によって支えられる日本の皆保険システムにおいて，この費用膨張要因である老人医療費を，それぞれの医療保険制度で分担し，さらに租税資金で支えるという財政調整の仕組みが，21世紀に日本福祉国家を維持していく上で，極めて重要な位置にあるといえよう。

3.5　21世紀の医療と地方分権

　20世紀的な「右肩あがり」の経済状況が，福祉国家の立上げと定着を可能にした。20世紀末から始まった21世紀的な資源制約からの締め付けの強まりが福祉国家のスリム化を要請しているが，日

本社会はいかに受けとめるべきであろうか。

　年金システムに対する節約の要請は，日常生活の切り詰めで応じることができたとしても，医療分野では，病気を予防して医療費を節約することを手段とするとしても，いずれは死にいたる重病を経る運命は回避できない場合が多い。

　おそらく，介護を含めた地域福祉システムを構築して，人間社会として「人生の中の生・老・病・死」の運命的なプロセスを，21世紀的な資源節約が要請されるなかで，効率的で「小さな政府」的な福祉国家の枠内に医療と介護を収める仕組みを構築するしかないと思われる。

　そして，現在議論されている地方分権も，単に「霞が関」から権限と財源を地方に移譲させることを目的とするのではなく，21世紀型の福祉国家，すなわち，地域社会の活力を基盤とする分権的な「小さな政府」の福祉国家を構築することを実現するための手段として位置づけられることによって，はじめて，真に国民のためになるのである。

第4章　介護保険

4.1　高齢世帯と介護

21世紀の日本社会を強烈に規定するのは，人口が長期的に減少するなかで高齢社会の深化も不可逆的に進行することである（第1章の図表1.5.1）。第3章でもみたように，それに伴って，老人医療費の膨張圧力が強まるが，同時に，介護サービスの需要も膨張している。介護需要については，人口高齢化に加えて，家族のあり方も大きく影響するので，図表4.1.1で「高齢者のいる世帯」の動向をみよう。

第1に，人口高齢化に伴って「高齢者のいる世帯」も増加しており，1980年に850万世帯であったのが2000年には1,565万世帯に，

図表 4.1.1　高齢者世帯の増加

	高齢者のいる世帯の比重（％）	高齢者のいる世帯の構造（千世帯）					
		合計	単独世帯	夫婦のみの世帯	親と未婚の子のみの世帯	三世代世帯	その他の世帯
1980	24.0	8,496	910	1,379	891	4,254	1,062
1990	26.9	10,817	1,613	2,314	1,275	4,270	1,345
2000	34.4	15,646	3,079	4,234	2,268	4,141	1,924
2010	42.5	20,706	5,018	6,190	3,837	3,348	2,313
2011	41.6	19,421	4,697	5,817	3,743	2,998	2,166

出所）内閣府（2013a）13頁より作成。

また全世帯に占める比重も24.0％から34.4％に増えており、さらに2011年には1,942万世帯と41.6％になっている。

第2に、そのなかで特に重視すべきは、高齢者の単独世帯と「夫婦のみの世帯」の動向である。1980年にそれぞれ91万世帯と138万世帯であったのが、2000年には308万世帯と423万世帯に、さらに2011年には470万世帯と582万世帯に増加した。2011年における「高齢者のいる世帯」に占める単独世帯と夫婦のみの世帯の比重を算出すると、24.2％と30.0％になる。

『高齢社会白書（平成24年版）』（内閣府、2012）は以下のように述べている（33頁）。

> 要介護者等からみた主な介護者の続柄をみると、6割以上が同居している人が主な介護者となっている。その主な内訳をみると、配偶者が25.7％、子が20.9％、子の配偶者が15.2％となっている。また、性別にみると、男性が30.6％、女性が69.4％と女性が多くなっている。
> 要介護者等と同居している主な介護者の年齢についてみると、男性では64.9％、女性では61.0％が60歳以上であり、また、いわゆる「老老介護」のケースも相当数存在していることがわかる（図表4.1.2）。

図表4.1.2　同居している主な介護者の年齢

(%)

	男 (30.6%)	女 (69.4%)
40歳未満	3.2	2.8
40～49歳	9.5	7.8
50～59歳	22.5	28.4
60～69歳	24.7	31.3
70～79歳	19.7	21.0
80歳以上	20.5	8.7
合計	100.0	100.0

出所）内閣府（2012）33頁より作成。

家族の介護や看護のために離職や転職をする人が増えている。家族の介護や看護を理由とした離職・転職者数は平成18（2006）年10月から19（2007）年9月の1年間で144,800人であり，前年から40,500人増加した。とりわけ女性の離職・転職数は，119,200人で，全体の82.3％を占めている。

このように高齢者世帯が増加し，高齢者のひとり暮らしや夫婦だけの世帯の比重が増加して，また同居する配偶者等による「老老介護」が増加するなかで，社会的に悲惨な事件も起きている。ひとり暮らしの場合には孤独死，夫婦だけの世帯にいわゆる「介護殺人」が発生することもある。[*]

4.2　制度の枠組み

介護保険法は1997年に成立し，2000年度から施行された。その第1条に，「加齢に伴って生ずる心身の変化に起因する疾病等により要介護状態となり，入浴，排せつ，食事等の介護，機能訓練並びに看護及び療養上の管理その他の医療を要する者等について，これらの者が尊厳を保持し，その有する能力に応じ自立した日常生活を営むことができるよう，必要な保健医療サービス及び福祉サービスに係る給付を行うため，国民の共同連帯の理念に基づき介護保険制度」を設けるとある。

そして実施主体は市町村（特別区を含む）であり，国と都道府県と医療保険者はそれぞれに援助・協力するシステムが構築された。そのシステムについては後で財政面に焦点を当てて詳しく検討する

---

[*] 加藤悦子（2005）はさまざまな介護事件について，裁判記録を分析して，その事件特有の個別要因とともに，介護殺人をもたらす社会的な要因を検討する力作である。

図表 4.2.1　介護保険の被保険者

	第 1 号被保険者	第 2 号被保険者
対象者	65 歳以上の者	40 歳以上 65 歳未満の医療保険加入者
受給権者	要介護者（寝たきりや認知症で介護の必要な者）・要支援者（要介護状態となる恐れがあり日常生活に支援が必要な者）	左の内，初老期における認知症，脳血管疾患等による老化に起因する疾病によるもの
保険料負担	所得段階別定額保険料（低所得者の負担軽減）	健保は標準報酬×介護保険料率（事業主負担あり）。国保は所得割と均等割（国庫負担あり）
賦課徴収方法	年金額一定以上は特別徴収（年金天引き），それ以外は普通徴収	医療保険者が医療保険料とともに徴収し，納付金として一括して納付

出所）厚生労働統計協会（2013b）131 頁より作成。

コラム 8　介護認定の基本調査の項目

　認定調査員は，新規の認定調査では申請を受けた市町村の職員が行うが，更新や認定区分の変更の場合には，指定居宅介護支援事業者や介護保健施設で研修を修了したものに委託することもある。

　基本調査の項目は 74 項目もあり，内訳は第 1 群（身体機能・起居動作の 20 項目：上下肢の麻痺の有無，寝返り，起き上がり，立ち上がり，歩行，視力，聴力等），第 2 群（生活機能の 12 項目：移乗，移動，嚥下，食事摂取，排尿，排便，上着の着脱等），第 3 群（認知機能の 9 項目：意志の伝達，生年月日や年齢をいう，自分の名前，今の季節をいう，徘徊，外出して戻れない等），第 4 群（精神・行動障害の 15 項目：ものを取られたなど被害的になる，作り話，昼夜逆転，大声を出す，ものを壊したり，衣類を破いたりする，話がまとまらず会話にならない等），第 5 群（社会生活への適応の 6 項目：薬の内服，金銭の管理，買い物，簡単な調理等），第 6 群（過去 14 日間に受けた特別な医療の 12 項目：点滴の管理，中心静脈栄養，透析，カテーテル等）である。

（出所：東京都社会福祉協議会（2013a）8-9 頁より作成。）

として,その前に,制度の概要をみておこう。*

第1に,図表4.2.1にみるように,第1号被保険者(65歳以上の者)と第2号被保険者(40歳以上65歳未満の医療保険加入者)が保険料を負担する。

図表4.2.2　居宅サービス支給限度額

区分	高齢者の状態像	居宅サービス支給限度額
要支援1 (社会的な支援を要する状態)	掃除などの身の回りの世話の一部に見守りや手助けが必要。排せつや食事はほとんど自分でできる。立ち上がりや立位保持に支えが必要なことがある。	月 49,700 円 (利用者負担 4,970 円)
要支援2 (社会的な支援を要する状態)	要介護1相当の内,心身が安定し,予防給付の利用が自分で可能な者。	月 104,000 円 (利用者負担 10,400 円)
要介護1 (部分的な介護を要する状態)	掃除などの身の回りの世話に見守りや手助けが必要。排せつや食事はほとんど自分でできる。問題行動や理解の低下がみられる。立ち上がりや立位保持に支えが必要なことがある。	月 165,800 円 (利用者負担 16,580 円)
要介護2 (軽度の介護を要する状態)	掃除などの身の回りの世話の全般に見守りや手助けが必要。排せつや食事は見守りや手助けが必要なことがある。問題行動や理解の低下がみられる。立ち上がりや立位保持に支えが必要である。	月 194,800 円 (利用者負担 19,480 円)
要介護3 (中度等の介護を要する状態)	掃除などの身の回りの世話が自分でできない。排せつが自分でできない。いくつかの問題行動や理解の低下がみられる。立ち上がりや立位保持が自分ひとりではできないことがある。	月 267,500 円 (利用者負担 26,750 円)
要介護4 (重度の介護を要する状態)	掃除などの身の回りの世話がほとんどできない。排せつや食事がほとんどできない。多くの問題行動や全般的な理解の低下がみられる。立ち上がりや立位保持が自分ひとりでできない。	月 306,000 円 (利用者負担 30,600 円)
要介護5 (最重度の介護を要する状態)	掃除などの身の回りの世話がほとんどできない。排せつや食事がほとんどできない。多くの問題行動や全般的な理解の低下がみられる。立ち上がりや立位保持がほとんどできない。	月 358,300 円 (利用者負担 35,830 円)

出所)東京都社会福祉協議会(2013a)10頁より作成。

＊厚生労働統計協会(2013a)110-121頁,厚生労働統計協会(2013b)130-141頁,東京都社会福祉協議会(2013)を参考にした。

第2に，実際に介護サービスの提供を受けるには，要介護状態あるいは要支援状態であるか否かの要介護認定を経なければならない。介護認定審査会（保健・医療・福祉の学識経験者で構成）で，「高齢者の心身の状況調査のコンピュータ判定」（一次判定）と，主治医意見書や訪問調査の特記事項などに基づき判定を行う。たとえば，認定調査員の訪問調査における基本調査では，[コラム8：介護認定の基本調査の項目]にみるような74の調査項目がある。

第3に，介護や支援の必要度に応じて，要支援1，要支援2から要介護5までの7段階の区分があり，それに応じてサービス内容や支給上限が設定される。たとえば居宅サービスの場合（図表4.2.2），要支援1の限度基準額は4万9,700円であり，要介護5では35万8300円（地域によって加算があり，たとえば東京23区では最大の11.26％の加算となる）。

第4に，上記の7段階の区分によって設定される範囲内で，それぞれの受給者が最適の介護サービスの内容を選択するために，居宅介護支援事業者や施設事業者のケアマネジャー（介護支援専門員）にケアプラン（居宅介護サービス計画，施設サービス計画）を作成してもらう。介護サービスの種類は図表4.2.3にみるように多様である。居宅サービスでは訪問介護から通所介護（デイサービス），福祉用具貸与や住宅の改修費もある。地域密着型サービスでは，グループホームから30人未満の施設への入居者への生活介護もある。さらに施設介護では，[コラム9：介護施設の種類]にみるように，介護老人福祉施設（特別養護老人ホーム），介護老人保健施設，介護療養型医療施設があり，それらの利用料も，図表4.2.4にみるようにきわめて多様になっている（同図表における1単位とは地域によって

図表 4.2.3　介護サービスの種類

	予防給付におけるサービス	介護給付におけるサービス
都道府県が指定・監督を行うサービス	介護予防サービス 　介護予防訪問介護 　介護予防訪問入浴介護 　介護予防訪問看護 　介護予防訪問リハビリテーション 　介護予防居宅療養管理指導 　介護予防通所介護 　介護予防通所リハビリテーション 　介護予防短期入所生活介護 　介護予防短期入所療養介護 　介護予防特定施設入居者生活介護 　介護予防福祉用具貸与 　特定介護予防福祉用具販売	居宅サービス 　訪問介護 　訪問入浴介護 　訪問看護 　訪問リハビリテーション 　居宅療養管理指導 　通所介護 　通所リハビリテーション 　短期入所生活介護 　短期入所療養介護 　特定施設入居者生活介護 　福祉用具貸与 　特定福祉用具販売 居宅介護支援 施設サービス 　介護老人福祉施設 　介護老人保健施設 　介護療養型医療施設
市町村が指定・監督を行うサービス	介護予防支援 地域密着型介護予防サービス 　介護予防認知症対応型通所介護 　介護予防小規模多機能型居宅介護 　介護予防認知症対応型共同生活介護	地域密着型サービス 　定期巡回・随時対応型訪問介護看護 　夜間対応型訪問介護 　認知症対応型通所介護 　小規模多機能型居宅介護 　認知症対応型共同生活介護 　地域密着型特定施設入居者生活介護 　地域密着型介護老人福祉施設入所者生活介護 　複合型サービス
その他	住宅改修	住宅改修

出所）厚生労働省（2013a）230 頁より作成。

異なるが，10～11.26 円の範囲である）。施設介護サービス費では，特別養護老人ホームの「介護福祉施設サービス費（Ⅰ）」（従来型個室）の場合，要介護 1 が 577 単位，要介護 5 が 858 単位である。

　第 5 に，ケアプランに基づいて実際に介護サービスが提供され，その費用の 9 割が介護保険制度から支給されるのであり，したがっ

図表 4.2.4 介護施設のサービス費（2012 年 4 月）

(単位／日)

介護老人福祉施設 （特別養護老人ホーム）		介護保健施設のサービス費				介護療養型医療施設 （病院・診療所）	
介護福祉施設 設サービス費 (I) (従来型個室)	要介護 1 要介護 2 要介護 3 要介護 4 要介護 5	577 647 719 789 858	介護保健施 設サービス費 (I-i) (従来型個室)	要介護 1 要介護 2 要介護 3 要介護 4 要介護 5	710 757 820 872 925	介護保健施 設サービス費 (II-ii) (従来型個室)	要介護 1 要介護 2 要介護 3 要介護 4 要介護 5	735 818 1002 1078 1154	療養型介護 保健施設 サービス費 (I-i) (従来型個室)	要介護 1 要介護 2 要介護 3 要介護 4 要介護 5	670 778 1011 1111 1200
介護福祉施設 設サービス費 (II) (多床室)	要介護 1 要介護 2 要介護 3 要介護 4 要介護 5	577 647 719 789 858	介護保健施 設サービス費 (I-ii) (従来型個室)	要介護 1 要介護 2 要介護 3 要介護 4 要介護 5	739 811 873 930 985	介護保健施 設サービス費 (II-iv) (多床室)	要介護 1 要介護 2 要介護 3 要介護 4 要介護 5	814 897 1081 1157 1233	療養型介護 保健施設 サービス費 (I-ii) (多床室)	要介護 1 要介護 2 要介護 3 要介護 4 要介護 5	779 887 1120 1219 1309
介護福祉施 設サービス費 (III) (多床室)	要介護 1 要介護 2 要介護 3 要介護 4 要介護 5	577 647 719 789 858	介護保健施 設サービス費 (I-iii)	要介護 1 要介護 2 要介護 3 要介護 4 要介護 5	786 834 897 950 1003						
ユニット型 介護福祉施 設サービス費 (I) (ユニット型 個室)	要介護 1 要介護 2 要介護 3 要介護 4 要介護 5	577 647 719 789 858	ユニット型 介護福祉施 設サービス費 (I-iv) (多床室)	要介護 1 要介護 2 要介護 3 要介護 4 要介護 5	819 893 956 1012 1068						

出所）厚生労働統計協会（2013b）136 頁より作成。

て，自己負担が1割ということになる。

　第6に，介護保険は社会保険であり，上記の受給に至るプロセスに申し込む資格は，介護保険料の納付が根拠となる。再び図表4.2.1にもどって保険料負担と賦課徴収方法の欄をみると，第1号被保険者（65歳以上）は所得段階別の定額保険料を居住する市町村に納めるが，多くは年金からの天引きである。図表4.2.5は，第6章で事例に取り上げる八王子市の介護保険料である。所得段階の第4段階が基準額の介護保険料58,800円（年額）であり，第1段階（生活保護受給者及び市民税世帯非課税の老齢福祉年金受給者）がその基準額の45％の26,500円であり，逆に第8段階（本人の所得が1,000万円以上）は基準額の2.35倍の138,100円である。なお，第2号被保険者は，給与に比例する形で算出される介護保険料を，それ

コラム9　介護施設の種類

　介護施設には，介護に重点を置くか，医療サービスを充実させるかによって違いがある。

　介護老人福祉施設（特別養護老人ホーム）：在宅での生活が困難な者を対象として，入浴・排せつ・食事の介護等の日常生活全般の援助と機能訓練と健康管理等のサービスを提供する。

　介護老人保健施設：入院の必要はないが，在宅での医学的な管理ができない者を対象として，看護，医学的な管理のもとに介護，機能訓練だけではなく，医療や日常生活の世話をする。

　介護療養型医療施設：慢性疾患等で長期にわたり療養を必要とする者を対象として，通常の病院よりも介護職員が多く配置される。2011年度末までに老人保健施設等に転換するとされたが，2011年の法改正で，現存する介護療養病床の転換期限が2017年度まで延長されたが，2012年度以降の新設は認められていない。

（出所：東京都社会福祉協議会（2013a）11頁より作成。）

図表 4.2.5　八王子市の介護保険料（2012 年度）

所得段階	対象者	算定方法	保険料額（年額）
第1段階	生活保護受給者の方 老齢福祉年金の受給者で、世帯全員が市民税非課税の方	基準額 × 0.45	26,500 円
第2段階	世帯全員が市民税非課税で、課税年金収入額と合計所得金額の合算額が 80 万円以下の方	基準額 × 0.45	26,500 円
特例第3段階	世帯全員が市民税非課税で、課税年金収入額と合計所得金額の合算額が 80 万円超、120 万円以下の方	基準額 × 0.60	35,300 円
第3段階	世帯全員が市民税非課税で、第2段階、特例第3段階に該当しない方	基準額 × 0.65	38,200 円
特例第4段階	世帯に市民税課税の方がいて、課税年金収入額と合計所得金額の合算額が 80 万円以下の方	基準額 × 0.90	52,900 円
第4段階	世帯に市民税課税の方がいて、特例第4段階に該当しない方	基準額	58,800 円
第5段階	合計所得金額が 125 万円未満の方	基準額 × 1.10	64,700 円
第6段階	合計所得金額が 125 万円以上 190 万円未満の方	基準額 × 1.25	73,500 円
第7段階	合計所得金額が 190 万円以上 250 万円未満の方	基準額 × 1.40	82,300 円
第8段階	合計所得金額が 250 万円以上 350 万円未満の方	基準額 × 1.55	91,100 円
第9段階	合計所得金額が 350 万円以上 500 万円未満の方	基準額 × 1.70	99,900 円
第10段階	合計所得金額が 500 万円以上 700 万円未満の方	基準額 × 1.85	108,700 円
第11段階	合計所得金額が 700 万円以上 1,000 万円未満の方	基準額 × 2.10	123,400 円
第12段階	合計所得金額が 1,000 万円以上の方	基準額 × 2.35	138,100 円

出所）八王子市資料より作成。

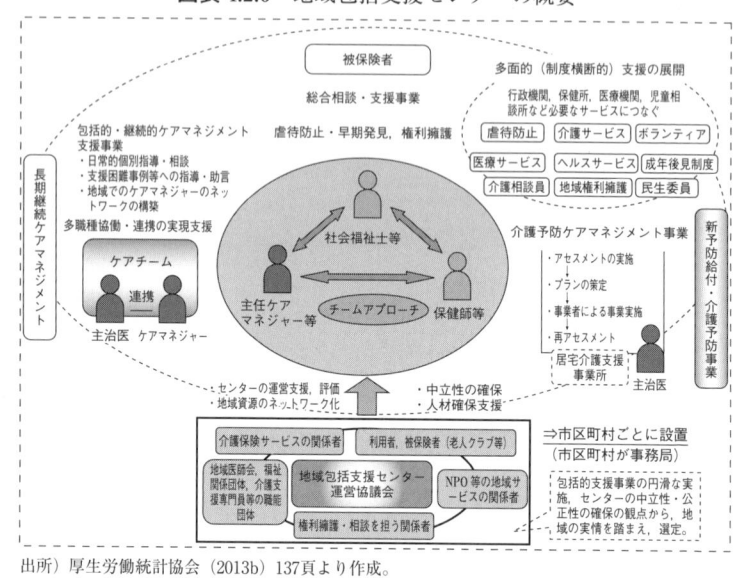

図表 4.2.6 地域包括支援センターの概要

出所）厚生労働統計協会（2013b）137頁より作成。

ぞれの加入する医療保険制度で医療保険料とともに徴収され、それが社会保険診療報酬支払基金を通して、各市町村の介護保険特別会計に交付される。

第7に、2005年の制度改正によって、「介護予防の推進と地域における包括的・継続的なマネジメント強化」を目的として地方公共団体による地域支援事業が創設され、その拠点として地域包括支援センターが設置された。市町村が運営主体となり、図表4.2.6にみるように、社会福祉士や主任ケアマネジャーや保健師等が配置され、長期的継続ケアマネジメント、介護予防マネジメント事業、虐待防止・早期発見・権利擁護などを総合的にカバーすることを目的としている。

4.3 財政システム

それでは次に，財政的側面に進もう。図表4.3.1は，全国の市町村の介護保険特別会計の総計の数値（2012年度決算ベース）である。

第1に，歳入合計の8兆8,102億円のうちで，保険料の1兆7,497億円（19%）は65歳以上の第1号被保険者が納めるものであり，それぞれの居住する市町村の介護保険特別会計に直接に入ってくる。40～64歳の第2号被保険者の保険料は，それぞれの加入する健康保険（地域保険の国民健康保険，被用者保険の協会管掌医療保険や組合管掌医療保険）の制度において健康保険料と同時に徴収されたものが，社会保険診療報酬支払基金に集められ，そこから各市町村の介護保険特別会計に配分され，それが同図表の「支払基金交付

図表4.3.1 介護保険の財政（2012年度決算）

	（億円）
保険料	17,497
国庫支出金	19,459
支払基金交付金	23,940
都道府県支出金	12,827
他会計繰入金	12,846
その他の収入	1,533
歳入合計	88,102
保険給付金	81,395
地域支援事業	1,695
介護予防事業費	453
包括支援事業・任意事業費	1,242
その他支出	5,369
歳出合計	86,764

出所）総務省（2013）第122表より作成。

金」の項目にある2兆3,940億円（27.2％）である。ちなみに，第1章の前出図表1.8.1（2011年度，対GDP比率）では，介護保険制度の財源において，「被保険者の拠出」（第1号被保険者の保険料）は0.298％であり，「他制度からの移転」（第2号被保険者の保険料の繰入）が0.488％であった。

第2に，歳入のなかの国庫支出金は1兆9,459億円（22.1％）であり，これは，国の一般会計からそれぞれの市町村の介護保険特別会計に交付されたものである。ちなみに，前出図表1.8.1では，介護保険の財源における国庫負担の対GDP比率が0.388％であり，それは被保険者拠出（第1号保険料）の1.3倍の規模であるが，図4.3.1では国庫支出金1兆9,459億円は（第1号被保険者）保険料1兆7,497億円の1.1倍である。この差額は，「支払基金交付金」（第2号被保険者保険料）のなかに含まれる国の負担によるものである。たとえば，第3章の図表3.4.3で事例として取り上げた八王子市の国民健康保険の特別会計についてその原資料（平成24年度決算書）に立ち入ってみると，国庫支出金111.7億円のなかで療養給付金負担金（八王子市の国民健康保険の医療費）への補助金は59.3億円であるが，後期高齢者医療制度への支援金への補助金が23.6億円，介護保険納付金への補助金が10.3億円も含まれており，それは八王子市の国民健康保険特別会計からの介護納付金32.5億円（国民健康保険に加入する，介護保険の第2号被保険者の分）のおよそ3分の1に当たる。すなわち，各医療保険制度から社会保険診療報酬支払基金を経由して各市町村の介護保険特別会計に配分される資金には，第2号被保険者の保険料に加えて国の一般会計からの補助金も入っていることになる。

第3に，都道府県支出金が1兆2,827億円（14.6％）であり，市町村の一般会計からの繰入（他会計繰入金）は1兆2,846億円（14.6％）であり，前出図表1.8.1で介護保険の「他の公費負担」（地方公共団体）をみると，対GDP比率は0.388％であった。

　以上の資金の流れが，上に述べた「実施主体の市町村（特別区を含む）を，国と都道府県と医療保険者がそれぞれに援助，協力する制度システム」の財政面の仕組みである。基本的に，既存の医療保険の財政システムを活用していること，特に分立する医療保険制度のシステムの要に位置する社会保険診療報酬支払基金を活用して全国の市町村の運営する介護保険特別会計に資金を配分する側面が注目される。

　次に節をあらためて，このような形で運営される介護保険システムが，人口高齢化と高齢者世帯の増加という条件下で，大きな膨張圧力にさらされる状況に立入ってみたい。

4.4　介護保険の膨張圧力

　すでに何度も述べたように，21世紀の日本では総人口が減少するなかで高齢化が進行するだけではなく，後期高齢者の比率が増加するという形で高齢化が深化している。

　そのなかで，図表4.4.1にみるように，65歳以上の第1号被保険者が増大している。介護保険制度が実施された2000年度末に2,242万人であったのが，2012年度末には3,094万人へと1.38倍に増加している。特に注目されるのが，75歳以上の後期高齢者の増加であり，923万人から1,520万人へと1.65倍に増加した。第3章で検討した医療保険においても，一人当たり医療費の高い後期高齢者の

図表 4.4.1　第1号被保険者の増加

(千人)

(年度末)	65-74歳	75歳以上	合計
2000	13,192	9,231	22,422
2005	14,125	11,753	25,878
2010	14,827	14,283	29,110
2012	15,737	15,201	30,938

出所）厚生労働省（2014）より作成。

図表 4.4.2　後期高齢者と介護認定（2012年度末）

(千人)

	要支援1	要支援2	要介護1	要介護2	要介護3	要介護4	要介護5	合計
第1号被保険者	751	744	1,020	956	722	674	590	5,457
65-74歳	106	107	123	125	84	72	69	686
75歳以上	645	637	897	831	638	602	521	4,771
第2号被保険者	13	21	25	33	22	18	21	154
合計	764	766	1,046	989	743	692	611	5,611

出所）厚生労働省（2014）より作成。

増大が大きな費用膨張要因であると述べたが，介護保険でも同様のことがいえる。

図表4.4.2にみるように，2012年度末における要介護・要支援認定者は561万人であるが，そのなかで後期高齢者は477万人（85%）を占めている。図表4.4.1では第1号被保険者3,094万のなかで，65～74歳の前期高齢者と75歳以上の後期高齢者はおよそ同数の1,574万人と1,520万人であった。第1号被保険者に占める要介護・要支援認定者の比率を算出すると，前期高齢者では4.4%，後期高齢者では31.4%となる。

すなわち，図表4.4.1と図表4.4.2から，要介護・要支援認定の可能性が高い後期高齢者が急速に増加していることがわかる。しかも，

図表 4.4.3　要介護・要支援認定者の増加

(千人)

(年度末)	2000	2012	増加	増加倍率
合計	2,562	5,611	3,049	2.2
要支援	322	1,530	1,208	4.8
要介護1	701	1,046	345	1.5
要介護2	484	989	505	2.0
要介護3	355	743	388	2.1
要介護4	363	692	329	1.9
要介護5	337	611	274	1.8

出所) 厚生労働省 (2014) より作成。

図表 4.4.4　給付の内訳 (2012年度)

(億円)

	要支援1	要支援2	経過的要介護	要介護1	要介護2
給付額総計	1,443.5	2,957.8	＊	9,585.6	13,695.7
居宅サービス	1,428.0	2,900.8	＊	7,170.7	9,037.6
地域密着型サービス	15.5	57.0	＊	1,180.4	1,813.2
施設サービス	0.0	0.0	＊	1,234.5	2,844.9

	要介護3	要介護4	要介護5	合計
給付額総計	15,501.2	16,841.2	16,559.2	76,584.1
居宅サービス	7,903.8	6,705.1	5,707.1	40,853.0
地域密着型サービス	2,191.1	1,613.5	1,156.7	8,027.4
施設サービス	5,406.4	8,522.6	9,695.5	27,703.8

備考) ＊は絶対値が 0.05 未満。
出所) 厚生労働省 (2014) より作成。

前出図表 4.2.2 及び図表 4.2.4 にみるように要介護 3 以上の区分では介護サービスの給付限度額が高いが，図表 4.4.3 にみるようにそれらの区分の認定者の増加も大きく，その増加の多くは後期高齢者層である。

また、図表4.4.4で給付額（2012年度）の内訳に立ち入ってみると、総額7兆6,584億円のなかで、居宅サービスが4兆0,853億円（53％）、地域密着型サービスが8,027億円（10％）、施設サービスが2兆7,704億円（36％）であった。給付額の高い施設サービスの比重を介護度別に算出すると、要介護1では13％、要介護2では21％、要介護3では35％、要介護4では51％、要介護5では59％になる。

　以上の計数的な検討から、後期高齢者は介護認定率が高く、しかも重度の要介護の比重が大きく、またコストの高い施設利用も多くなっている。今後の一層の高齢化の深化に伴って、この傾向が不可逆的に進行することが予想される。

第5章　広義の社会福祉

5.1　社会保障と社会保険と社会福祉

　現在の日本の社会保障システムの全体像については，既に第1章の前出図表1.8.1で検討している。第1にその主柱は高齢者のための年金・医療・介護の社会保険であり，第2にこれらを賄う財政システムは，被保険者や雇用主が拠出する社会保険料に国や都道府県や市町村の3段階のレベルの租税資金が投入され，第3にその社会保険料や租税資金が絶妙に工夫されたルートを流れることで財政基盤の弱い社会保険制度を補強するという財政調整メカニズムが内蔵されており，第4に，そのような社会保険を補完するべく「広義の社会福祉」の諸制度（同図表では狭義の社会福祉，生活保護，公衆衛生，戦争犠牲者の4項目）が配置され，それは租税資金で賄われている。

　このような21世紀の現在の社会保障システムの構造は，半世紀以上も前の第2次大戦直後に作成された歴史的な文書，すなわち，1950年10月16日付の「社会保障制度に関する勧告」（社会保障制度審議会）によって提言，あるいは予見されたものとみることもできる。同審議会の大内兵衛会長から吉田茂内閣総理大臣に提出された同勧告の骨子は以下の如くであった。

　第1に，序説は，「敗戦の日本は，平和と民主主義とを看板として

立ち上がろうとしているけれども」、その前提としての「最低限の生活」が与えられなければ、「人権の尊重も、いわゆるデモクラシーも…紙の上の空語でしかない」という論調で始まる。

第2に、日本国憲法第25条を引用して、「すべて国民は健康で文化的な最低限度の生活を営む権利を有する」、「国は、すべての生活部面について社会福祉、社会保障及び公衆衛生の向上及び増進に努めなければならない」という規定から、「国民には生存権があり、国家には生活保障の義務がある」という解釈を導き出している。

ただし第3に、「そうして一方国家がこういう責任を取る以上、他方国民もまたこれに応じ、社会連帯の精神に立って、それぞれの能力に応じてこの制度の維持と運用に必要な社会的義務を果たさなければならない」という形で、上記の国家の生活保障の機能を裏打ちする国民の側の義務も明記している。

そして、第4に、「国民の自主的責任の観念」を基盤として、「社会保障の中心をなすものは自らしてそれに必要な経費を醸出せしめるところの社会保険制度」とすることを提言している。ただし、「保険制度を持ってしては救済し得ない困窮者」については、「国家は直接彼らを扶助しその最低限度の生活を保障」するために、「社会保険制度の拡充に従ってこの扶助制度は補完的制度としての機能」を果たすという位置付けになる。さらに、公衆衛生や社会福祉も含めた総合的なシステムの必要性を説いている。

第5に、医療や年金の社会保険については、被用者保険と一般国民（自営業者等）の保険の併存という現在の構造を提起している。

第6に、「国家扶助」については、「生活困窮に陥ったすべての者に対して、国がその責任において最低限度の生活を保障しもって自立向上の途をひらくことを目的」とし、「これは、国民の生活を保障するための最後の施策であることを建前」とし、「従って、他のあらゆる手段によって、その生活維持に努力を払ってもなお最低生活を維持することができない場合に初めて適用される」と規定されており、これは現在の生活保護の原型を提起するものといえよう。

第7に、社会福祉については、「国家扶助の適用をうけている者、身体障害者、児童、その他援護育成を要する者が、自立してその能力を発揮できるよう、必要な生活指導、更生補導、その他の援護育成を行うこと」を定義している。具体的な施設として養老施設や障害者施設や児童福祉施設をあげている。

第8に、社会福祉は租税資金に賄われるが、「国がこれを負担するを原則とするも、都道府県が行うものについては都道府県が折半負担し、市町村がこれを行うものについては、国が2分の1、都道府県及び市町村がそれぞれ4分の1ずつを負担するものとする」という財政メカニズムを提起している。

以上みたように、半世紀以上も前の第2次大戦直後の大内兵衛会長による勧告は、21世紀の現在の日本の社会保障システムの原型を提起している。本章の冒頭にこれを取り上げた意図は、社会保障システムの主軸である、「国民の自主的責任」を基盤とする社会保険制度にたいして、ここで取り上げる広義の社会福祉の諸制度はそれを補完する役割と位置を与えられていることを示すためである。

さらに以下の検討との関連で興味深いのは、大内兵衛によって提起された「国が2分の1、都道府県が4分の1、市町村が4分の1」という費用分担の比率である。ただし、本章及び次章で詳しくみるように、その地方公共団体レベルの費用負担については、財政基盤の弱い地方公共団体に対して国から地方交付税という財源補填の仕組みがあり、実際には国が実質的に負担する割合がかなり大きい場合もある。

5.2 広義の社会福祉

ふたたび前出1.8.1にもどって、広義の社会福祉をみよう。同表

は，社会保障システムの全体の規模を対 GDP 比率でみたもの，すなわち，日本経済の規模に対する相対的な大きさでみたものである。右端の下の方に，社会保障システム全体の支出合計の総計があり，その対 GDP 比率は 30.352％ であるが，それには社会保険制度間の財政調整の移転が重複計算（6.718％）されているので，それを差し引いた純計では 23.634％ になる。そのなかで，「広義の社会保険」の支出純計は 21.154％ であり，「広義の社会福祉」は 2.169％ である。主軸の社会保険に対して，補完的な社会福祉は 10 分の 1 の規模である。

　もう一つの特徴は，財源にある。社会保険は，被保険者及びその雇用主の拠出する社会保険料に「国庫負担」と「他の公費負担」（地方公共団体）の項目の租税資金が投入され，さらに制度間の複雑な財政移転があることは，既にかなり詳しく検討しているが，「広義の社会福祉」の公衆衛生，生活保護，社会福祉（狭義），戦争犠牲者の 4 項目では，単純に，「国庫負担」と「他の公費負担」（地方公共団体）の項目の租税資金で賄われている。

　比較的大きな規模の生活保護と社会福祉（狭義）については，節をあらためて詳しく検討するので，ここでは公衆衛生と戦争犠牲者の 2 項目について触れておこう。

　まず，公衆衛生の財源を前出図表 1.8.1 でみると，国庫負担が 0.206％，「他の公費負担」が 0.036％，合計で 0.242％ であり，すなわち，8 割以上が国庫負担である。その具体的な内容について，同表の原資料に立ち入ってみると，原爆被爆者等援護対策費，感染症対策費，医療提供体制確保対策費，医療従事者等確保対策費，国立医療機関運営費などである。

そこで，別系統の資料である『國の予算』（財政調査会，2013）でさらにそれらに立ち入ってみよう（2011年度予算ベース）。

第1の原爆被爆者等援護対策費（1,437億円）の主項目は原爆被爆者手当交付金（913億円）と原爆被爆者医療費（395億円）である。第2の感染症対策費（805億円）は感染症予防法に基づく肝炎対策等の事業経費や，新型インフルエンザ対策費である。第3の医療提供体制基盤整備費（417億円）は都道府県の実施するさまざまな医療システムの拡充・改善の施策（へき地対策も含む）に対する補助金であり，その施策のための都道府県側の支出が，前出図表1.8.1における「他の公費負担」に該当すると思われる。第4の国立医療機関運営費は独立行政法人の国立病院機構（362億円）や国立がんセンター（107億円）や国立循環器研究センター（54億円）や国立精神・神経医療研究センター（52億円）や国立国際医療研究センター（82億円）などの経費である。

次に戦争犠牲者の項目について，『國の予算』（財政調査会，2013）で立ち入ってみよう。第2次大戦による犠牲者は死亡・負傷した軍人，あるいは軍人遺族たちであり，2011年度予算ベースで旧軍人遺族等恩給費が5,905億円，遺族及び留守家族等援護費が303億円であった。

この戦争犠牲者関連の項目や上記の原爆被爆者対策は，第2次大戦による人的被害について，社会保障の枠内で受けとめる仕組みである。本書の第1章で述べた第2次大戦への反省と日本国憲法と現代福祉国家の関連や，本章で取り上げた1950年の社会保障制度審議会勧告における「敗戦の日本は，平和と民主主義とを看板として立ち上がろうとしている」という書き出しにみられるような，現代

の福祉国家や社会保障システムの歴史的な背景・経緯を考える時に，この戦争犠牲者や原爆被爆者対策の項目が社会保障システムに織り込まれていることの深い意味を理解すべきであろう。

5.3 生活保護

現代福祉国家の主軸の政策手段は年金・医療等の社会保険であるが，その制度から取り残される人々が存在する。それを受けとめるセフティネット，大内兵衛の言うところの「国民の生活を保障するための最後の施策」が生活保護である。

生活保護法の第1条で，同法の目的として，「日本国憲法第25条に規定する理念に基き，国が生活に困窮するすべての国民に対し，その困窮の程度に応じ，必要な保護を行い，その最低限度の生活を保障するとともに，その自立を助長すること」と規定している。したがって，第3条では，「この法律により保障される最低限度の生活は，健康で文化的な生活水準を維持すること」とされる。

ただし，生活保護の適用について「保護の補足性」という制約がある。すなわち，「保護は，生活に困窮する者が，その利用し得る資産，能力その他あらゆるものを，その最低限度の生活の維持のために活用することを要件として行われる」というのである（第4条）。その補足性の原理を根拠として，生活保護の開始時に，預貯金，年金，扶養義務者の状況と扶養能力，手当等の額，傷病の状況が調査される。[*]

また，第8条では，「保護は，厚生労働大臣の定める基準により

---

[*] 厚生労働統計協会（2013b）177頁。

図表 5.3.1　保護費の補足性の原理

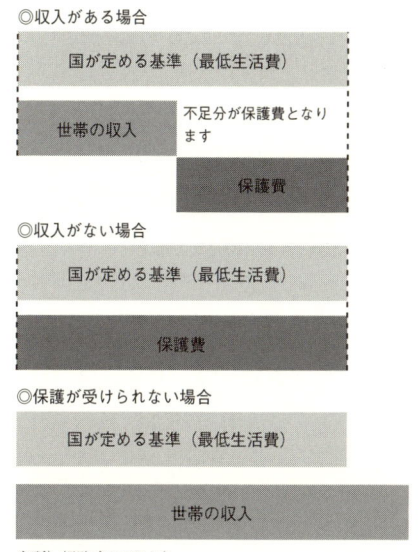

◎収入がある場合

国が定める基準（最低生活費）	
世帯の収入	不足分が保護費となります
	保護費

◎収入がない場合

国が定める基準（最低生活費）
保護費

◎保護が受けられない場合

国が定める基準（最低生活費）
世帯の収入

出所）釧路市のHPより。

測定した要保護者の需要を基とし，そのうち，その者の金銭又は物品で満たすことのできない不足分を補う程度において行うものとする」という規定がある。

たとえば釧路市では，ホームページで以下のように述べている。[*]

生活保護の制度は生活にお困りの方のお手伝いをするための制度です。そのため生活保護を受ける前に少しでも自分自身の力で生活できるよう努力していただかなくてはなりません。

働ける方は，能力に応じて働いてください。

資産は活用されていますか。預貯金や高額な生命保険などはありませんか。また生活保護を受ける場合，基本的に自動車の保有は認めら

---

[*] 釧路市のホームページ，http://www.city.kushiro.lg.jp/kenfuku/fukushi/seikatsuhogo/0002.html。

れません。活用できる資産は生活のために出来るだけ活用してください。

扶養義務者からの援助は受けられませんか。「直系血族及び兄弟姉妹は，互いに扶養する義務がある」と民法に定められています（第877条）。

他に利用できる制度はありませんか。例えば母子家庭の場合，「児童扶養手当」が受けられる場合がありますし，医療費の面では「ひとり親家庭等医療費助成制度」が利用できます。その他の方でも「国民年金」，「厚生年金」などの公的年金や，高額な医療費でお困りの方には「高額療養費助成制度」もあります。生活保護の他に利用できる制度があれば，まずそちらを利用してください。

生活保護には生活扶助，教育扶助，住宅扶助，医療扶助，介護扶助，出産扶助，生業扶助，葬祭扶助の8種類があり（同法第11条），その内容は［コラム10：生活保護の種類］にみるとおりである。

たとえば，介護扶助について詳しくみると以下のようになる。*

生活保護を受けていても，65歳以上の者（第1号被保険者）と40歳以上65歳未満の医療保険加入者（第2号被保険者）は，介護保険の被保険者となるので，介護保険の被保険者で，生活保護を受給して

コラム10 生活保護の種類

生活扶助：衣食など日常の生活に必要な費用
教育扶助：義務教育に必要な学用品，学校給食費などの費用
住宅扶助：家賃や家屋の補修などに必要な費用
医療扶助：病気やけがの治療に必要な費用
介護扶助：介護が必要と判断された人に必要な費用
出産扶助：お産に必要な費用
生業扶助：勤めたり，仕事を始めたり，仕事を覚えるために必要な費用
葬祭扶助：葬儀のために必要な費用

＊神奈川県のホームページ，http://www.pref.kanagawa.jp/cnt/f152/p2913.html

いる者の自己負担分（介護費用の1割）は，介護扶助でカバーされる。他方，介護保険の被保険者以外の者（40歳以上65歳未満）で生活保護を受給している者の介護サービスの費用は，全額が介護扶助でカバーされる。

すなわち，上記の「保護の補足性」の原理によって，生活保護の適用の以前に他の方法があればそれを優先的に使った後に，生活保護制度でカバーするということである。

また介護扶助の範囲は，介護保険の給付と基本的には同一となり（生活保護法第15条第2項），具体的には，①居宅介護（居宅介護支援計画に基づき行うものに限る），②福祉用具，③住宅改修，④施設介護，⑤介護予防（介護予防支援計画に基づき行うものに限る），⑥介護予防福祉用具，⑦介護予防住宅改修，⑧移送（施設への入退所や居宅療養管理指導に係る交通費，保険給付が行われない居宅介護サービス等利用に伴う交通費等）である。[*]

このことは，上記の生活保護法第1条及び第3条，さらには日本国憲法第25条によって規定され，「この法律により保障される最低限度の生活は，健康で文化的な生活水準を維持すること」を具体化して，生活保護の適用を受けていない他の国民が獲得できる介護保険による便益を，生活保護の適用者も獲得できるという形で実現していると解釈できよう。

次に生活保護の統計数字を検討しよう。図表5.3.2は扶助種類別の被保護世帯数の推移を示している。

第1に，1985年度に被保護世帯の合計が78.1万世帯であったの

＊埼玉県のホームページ，http://www.pref.saitama.lg.jp/site/kaigohujyo/

図表 5.3.2 生活保護の被保護世帯数（各年度1か月平均）

（年度）	被保護実世帯数	生活扶助	住宅扶助	教育扶助	介護扶助	医療扶助	出産扶助	生業扶助	葬祭扶助
1985	780,507	638,948	482,873	149,914		652,262	191	2,402	1,352
1995	601,925	493,992	413,032	55,091		533,189	62	970	1,211
2005	1,041,508	908,232	820,009	86,250	157,231	927,945	112	25,702	2,164
2010	1,410,049	1,254,992	1,166,183	103,346	220,616	1,210,389	186	45,332	2,997
2011	1,498,375	1,335,819	1,248,694	106,878	239,873	1,290,617	191	49,057	3,125
2011年度構成比（％）	100.0	89.2	83.3	7.1	16.0	86.1	0.0	3.3	0.2

出所）厚生労働省（2013c）より作成。

図表 5.3.3 生活保護の被保護人数と保護率（各年度1か月平均）

（年度）	被保護実人員	生活扶助	住宅扶助	教育扶助	介護扶助	医療扶助	出産扶助	生業扶助	葬祭扶助	保護率（人口千人当たり）
1985	1,431,117	1,268,766	967,691	252,437		909,581	191	2,524	1,353	11.8
1995	882,229	760,162	639,129	88,176		679,826	62	1,141	1,211	7.0
2005	1,475,838	1,320,413	1,194,020	135,734	164,093	1,207,814	112	29,253	2,165	11.6
2010	1,952,063	1,767,315	1,634,773	155,450	228,235	1,553,662	186	52,855	2,999	15.2
2011	2,067,244	1,871,659	1,741,888	159,372	248,100	1,657,093	191	56,400	3,127	16.2
2011年度構成比（％）	100.0	90.5	84.3	7.7	12.0	80.2	0.0	2.7	0.2	

出所）厚生労働省（2013c）より作成。

が，1995年度に60.2万世帯に減少した後，日本経済の長期的な停滞のなかで2005年度には104.2万世帯，2011年度に149.8万世帯に増加している。

第2に，2011年度について扶助の種類別に立ち入ってみると，合計149.8万世帯のなかで，生活扶助が133.6万世帯（89.2％），住宅扶助が124.9万世帯（83.3％），教育扶助が10.7万世帯（7.1％），介護扶助が24.0万世帯（16.0％），医療扶助が129.1万世帯（86.1％）であった。かなりの世帯がそれぞれの扶助を重複して受給していることがわかる。

次に図表5.3.3で被保護の人数と保護率をみよう。

第1に，上記の世帯数の推移と同様に，1985年度に被保護者数の合計が143.1万人であったのが，1995年度に88.2万人に減少した後，2005年度に147.6万人，2010年度に195.2万人，2011年度に206.7万人に増加している。保護率（人口千人当たりの人数）も1985年度に11.8‰であったのが，1995年度に7.0‰に低下した後，2005年度に11.6‰，2010年度に15.2‰，2011年度に16.2‰に上昇している。

第2に，2011年度について扶助の種類別に立ち入ってみると，合計206.7万人のなかで，生活扶助が187.2万人（90.5％），住宅扶助が174.2万人（84.3％），教育扶助が15.9万人（7.7％），介護扶助が24.8万人（12.0％），医療扶助が165.7万人（80.2％）であった。やはり，かなりの重複扶助がみられる。

次に図表5.3.4で被保護世帯の類型別の統計に立ち入ってみよう。1985年度から2011年度の期間に全体が増加するなかで，世帯類型別ではかなりの変化がみられる。

図表 5.3.4 生活保護世帯の類型（各年度1か月平均）

(年度)	総数	高齢者世帯	母子世帯	障害者・傷病者世帯	その他の世帯
1985	778,797	243,259	113,979	348,881	72,678
1995	600,980	254,292	52,373	252,688	41,627
2005	1,039,570	451,962	90,531	389,818	107,259
2010	1,405,281	603,540	108,794	465,540	227,407
2011	1,492,396	636,469	113,323	488,864	253,740
1985-2011年度の増加	713,599	393,210	-656	139,983	181,062
1985-2011年度の増加倍率	1.9	2.6	1.0	1.4	3.5
1985-2011年度の増加寄与率(%)	100.0	55.1	-0.1	19.6	25.4
2011年度の構成比(%)	100.0	42.6	7.6	32.8	17.0

出所）厚生労働省（2013c）より作成。

第1に，全体が77.9万世帯から149.2万世帯へと71.4万世帯も増加するが，そのなかで高齢者世帯は一貫して増加傾向をたどり，24.3万世帯から63.6万世帯へと39.3万世帯も増加しており，その増加寄与率は55.1％であり，また2011年度における構成比は42.6％を占めている。

第2に逆に母子世帯は1985年度に11.4万世帯であったのが1995年度には5.2万世帯にまで減少した後，増加傾向をたどるが，2011年度においても11.3万人と1985年とほぼ同水準にとどまっている。

第3に障害者・傷病者世帯は34.9万世帯から48.9万世帯に増加して，その増加寄与率は19.6％であり，2011年度における構成比は32.8％である。高齢者世帯と障害者・傷病者世帯を合わせると，1985～2011年度における増加寄与率でも2011年度における構成比でも7割以上を占めている。

ただし，第4に，「その他の世帯」は7.3万世帯から25.4万世帯へと18.1万世帯も増加し，増加寄与率は25.4％であり，また増加倍率の3.5倍は他の世帯類型を大きく上回っている。1990年代からの日本経済の長期的な停滞のなかで経済格差の拡大もあったことで，高齢や障害・傷病や母子家庭という不利な条件を有しない世帯における貧困が拡大したことの表れと思われる。

以上みたように，日本の生活保護制度は，第1に高齢や障害・傷病や母子家庭という不利な条件の下にある人々に対するセフティネットの役割を果たすとともに，さらに第2に，1990年代以降の日本経済の長期的な停滞と経済格差の拡大の下で増大する貧困層を受けとめる役割も担うようになっている。

次に図表5.3.5と図表5.3.6で生活保護費の金額面について立ち入ってみよう。

第1に，1985年から2010年度までの期間に生活保護費の総額は1兆5,233億円から3兆3,296億円まで増加して，その増加倍率は2.2倍である。

第2に，2010年度の保護費の内訳をみると，生活扶助費（日常生活の費用等）は1兆1,552億円（34.7％）であるが，医療扶助費は1兆5,701億円（47.2％）である。上にみたように，被保護世帯の増加における高齢者世帯の増加寄与度から考えて，介護扶助費が意外に少ないことが注目される。

第3に，増加倍率を比べると，生活扶助費が2.1倍，医療扶助費が1.9倍である。このことも，高齢者世帯の増加という事実からみてやや不思議に思われる。

第4に，もし，介護保険が実施される2000年度以前には病院の

図表 5.3.5　生活保護費

(百万円)

(年度)	保護費総額	生活扶助費	住宅扶助費	教育扶助費	介護扶助費	医療扶助費
1985	1,523,281	537,588	99,267	16,752		846,442
1995	1,515,669	465,621	127,512	7,152		881,899
2005	2,628,948	849,360	327,186	11,792	47,040	1,347,045
2010	3,329,629	1,155,175	499,605	19,920	65,903	1,570,135
1985-2010年度の増加倍率	2.2	2.1	5.0	1.2		1.9
2010年度構成比 (％)	100.0	34.7	15.0	0.6	2.0	47.2

(年度)	出産扶助費	生業扶助費	葬祭扶助費	施設事務費及び委託事務費
1985	308	497	1,857	20,570
1995	129	268	2,313	30,775
2005	222	6,219	5,328	34,755
2010	526	10,878	7,487	
1985-2010年度の増加倍率	1.7	21.9	4.0	―
2010年度構成比 (％)	＊	0.3	0.2	0.0

備考）＊は0.05未満。
出所）国立社会保障・人口問題研究所資料より作成。

「社会的入院」で実質的に介護サービスが代替されていた部分が大きかったとすれば、2000年度以降に医療扶助の対象のなかから介護保険と介護扶助の対象に移動する人々も多くいたと想像される。介護扶助については既述のように、介護保険の被保険者については費用の1割に当たる自己負担の部分だけが介護扶助から支出されるのに対して、医療扶助については、生活保護の被保護者は医療保険から除外されるので費用の全額が医療扶助から支出される。大雑把

図表 5.3.6　一人 1 か月当たり平均扶助受給額 (円)

(年度)	合計	生活扶助	住宅扶助	教育扶助	介護扶助	医療扶助
1985	88,700	35,309	8,548	5,530		77,549
1995	143,167	51,044	16,626	6,759		108,104
2005	146,481	53,604	22,835	7,239	23,889	92,940
2010	142,141	54,469	25,468	10,679	24,063	84,217
2011	141,154	53,830	25,758	10,714	23,739	82,636

出所）厚生労働統計協会（2013b）188 頁より作成。

な推測ではあるが，もし，介護扶助費の 10 倍の金額が「社会的入院」によって医療扶助でカバーされると想定すれば，2010 年度の医療扶助 1 兆 5,701 億円に介護扶助の 10 倍の金額 6,590 億円を加えると 2 兆 2,291 億円となり，それと 1985 年度の医療扶助 8,464 億円を比較すると仮の倍率は 2.6 倍になる。

すなわち，介護保険の創設によって，医療保険制度で負担されていた介護サービスのための「社会的入院」の費用が的確な処理に回されたが，生活保護制度の医療扶助についても同様に「社会的入院」の費用が介護扶助に分離された面も大きいと推測される。さらに，医療扶助は医療サービスの費用の 10 割をカバーするのに対して，介護扶助は費用の 1 割しかカバーしないので，人口高齢化の影響が小さくなって現れており，それが，図表 5.3.5 における医療扶助の増加倍率が 1.9 倍ということの意味であろう。

最後に図表 5.3.6 で 2011 年度の一人 1 か月当たりの平均扶助受給額をみると，生活扶助が 5.4 万円であるのに対して，医療扶助は 8.3 万円である。介護扶助は 2.4 万円であるが，上記のように費用の 1 割しかカバーしていないとすると，介護サービスの 1 か月の費用は 10 倍の 24 万円となり，その 9 割が介護保険からカバーされる

ことになる。

21世紀の半ばに向けて一層の高齢化の進行が予想されるので,高齢者向けの医療扶助も,後期高齢者医療制度という社会保険制度とどのように組み合わせて運用するのかという論点も重要になるであろう。

コラム11　釧路市の自立支援プログラム

生活保護制度の重要な一環として,自立支援プログラムがある。ここでは釧路市の事例を紹介しよう。

同プログラムの目的は,「受給者の自尊感情を回復させるため,中間的就労として地域のNPO等各事業者と協力し,有償・無償のボランティア活動等を通じ受給者の居場所づくり」であり,「こうしたことをきっかけに新たな就業の場の発掘につながったり,再就職の道が開けたり,その人なりの自立した生活が営めること」である。

具体的には,インターンシップ事業（廃材分別作業）,授産施設作業体験（古着の裁断等）,動物園ボランティア（クマの餌の箱詰め）,公園管理ボランティア（花壇の植え替え）,介護施設ボランティア,農園ボランティア（除草作業）である。

釧路市福祉部と連携する団体として,釧路市公園緑化協会,NPO法人　釧路市動物園協会,介護老人保健施設,民間病院,グループホーム,デイサービス事業者,ヘルパ事業者,さまざまなNPO法人があげられており,自立支援プログラムにとって,そのような地域に展開する社会福祉のネットワークが必要不可欠であるといえよう。

(出所：釧路市のホームページより作成, http://www.city.kushiro.lg.jp/kenfuku/fukushi/seikatsuhogo/0005.html)。

5.4 社会福祉（狭義）

本章の冒頭で取り上げた，大内兵衛会長の下で作成された1950年の社会保障制度審議会勧告の序説では，戦後日本の平和憲法で至上の価値がおかれる人権や民主主義を実現するためには，「最低限の生活」が前提となるとして，その文脈上で，日本国憲法第25条を引用して，「すべて国民は健康で文化的な最低限度の生活を営む権利を有する」，「国は，すべての生活部面について社会福祉，社会保障及び公衆衛生の向上及び増進に努めなければならない」という規定から，「国民には生存権があり，国家には生活保障の義務がある」という解釈を導き出している。

その勧告から数十年を経た21世紀初頭における日本の福祉国家システムは，「国民の自主的責任」を基盤とする社会保険を主軸に据えながら，「保険制度を持ってしては救済し得ない困窮者」に対する直接的な施策が配置されており，その具体策が前節の生活保護であり，また本節の狭義の社会福祉（障害者福祉，児童福祉，高齢者福祉）である。なお高齢者福祉については，［コラム12：高齢者福祉と介護保険］にみるように，第4章で検討した介護保険（2000年実施）という社会保険の仕組みが，租税資金による高齢者福祉の対象となってきた問題に対応する主たる政策手段となったので，本節では障害者福祉，児童福祉について立ち入って検討する。

5.4.1 障害者福祉

日本国憲法においては，第25条の「健康で文化的な最低限度の生活を営む権利」の規定の前に，法の下の平等や，身体・思想・信

コラム12　高齢者福祉と介護保険

第4章で詳しく検討したように，現代の「豊かな社会」における人口高齢化や核家族化によって深刻なほどに進行している高齢者問題については，2000年から実施されている介護保険制度が主たる政策手段として定着しており，21世紀前半にさらに進む「高齢社会の深化」（75歳以上の後期高齢者の増加）にともなう介護需要の膨張に対する財源や人材の確保が，日本福祉国家における大きな課題とされている。

「国民の共同連帯の理念」に基づく社会保険として運営される介護保険は，上記の1950年勧告と整合するものであるが，その社会保険を補完する形で，租税資金による高齢化福祉の仕組みが形成されることになる。

第6章で事例として取り上げる八王子市の高齢者福祉を図表5.4.1でみると，老人福祉費5,473百万円のなかで，「介護保険特別会計へ繰出等」の4,669百万円が85％を占めている。残りの15％は，老人保護措置（養護老人ホームの費用），「社会参加と生きがい作り」（シルバー人材センター運営助成，老人クラブ育成），高齢者在宅生活支援サービス（おむつ給付，緊急通報システム，在宅理容師・美容師派遣），地域密着型サービス施設等整備支援（認知症高齢者グループホーム整備事業補助金等）である。

図表5.4.1　八王子市の老人福祉費
（2012年度決算ベース）

（百万円）

老人福祉費	5,473
老人保護費	5,461
介護保険特別会計へ繰出等	4,669
老人保護措置費	239
高齢者在宅生活支援サービス	114
社会参加と生きがい作り	122
地域密着型サービス施設等整備支援	87
その他	230
老人福祉施設費	12

出所）八王子市（2013）より作成。

教の自由や,表現・職業選択・学問・婚姻の自由という基本的な人権の規定が列挙される。そのような民主主義にとって最重要な基本的人権の問題意識を持って,社会福祉についても考えてみたい。

障害者基本法の第1条において,同法の目的が以下のように述べられている。

> この法律は,全ての国民が,障害の有無にかかわらず,等しく基本的人権を享有するかけがえのない個人として尊重されるものであるとの理念にのつとり,全ての国民が,障害の有無によつて分け隔てられることなく,相互に人格と個性を尊重し合いながら共生する社会を実現するため,障害者の自立及び社会参加の支援等のための施策に関し,基本原則を定め,及び国,地方公共団体等の責務を明らかにするとともに,障害者の自立及び社会参加の支援等のための施策の基本となる事項を定めること等により,障害者の自立及び社会参加の支援等のための施策を総合的かつ計画的に推進することを目的とする。

また第3条では,そのような「社会の実現は,全ての障害者が,障害者でない者と等しく,基本的人権を享有する個人としてその尊厳が重んぜられ,その尊厳にふさわしい生活を保障される権利を有することを前提」とする旨が規定される。

このような格調高い理念に導かれる政策の実施については,第10条で,「障害者の自立及び社会参加の支援等のための施策は,障害者の性別,年齢,障害の状態及び生活の実態に応じて,かつ,有機的連携の下に総合的に,策定され,及び実施されなければならない」と規定される。

それぞれの障害者の事情や実態に寄り添う形で施策を設計,実施するためには,各地域の生活空間に近い地方公共団体がその役割を担うことになり,それを国が財政的に支援するというシステムが適

合的であろう。

ここでは、第6章の地方財政の検討で事例として取り上げる八王子市における障害者福祉の内容を図表5.4.2でみてみよう。

民生費のなかの障害者福祉費112.5億円のなかで、第1位は障害者自立支援費85.0億円（76％）であり、第2位は「手当の支給」12.6億円（11％）である。

第1位の障害者自立支援費の財源は、国庫支出金が39.6億円（47％）、都支出金が22.6億円（27％）、一般財源（八王子市の自己財源）が22.8億円（27％）である。同図表の原資料で障害者自立支援費の内容をみると、自立支援（更生）医療費給付が6.2億円、障害者自立支援介護・訓練等給付が73.1億円、障害者地域生活支援が3.7億円である。

障害者自立支援介護・訓練給付費の内容は、図表5.4.3にみるとおりであり、生活介護（2,662百万円）や重度訪問介護（1,029百万円）や就労継続支援B（945百万円）や知的障害者共同生活援助・共同生活介護（687百万円）や施設入所支援（467百万円）が主要事

図表5.4.2 八王子市の障害者福祉費（2012年度決算ベース）

（百万円）

障害者福祉費合計	11,246	
障害者自立支援 （障害者自立支援・訓練等給付）	8,495	財源：国 3,964、都 2,256、一般財源 2,275
手当の支給 （心身障害者福祉手当等）	1,261	財源：国 162、都 951、一般財源 149
その他 （日中活動や作業所や機能回復訓練へ助成等）	1,490	

出所）八王子市（2013）より作成。

図表 5.4.3 八王子市の障害者自立支援介護・訓練給付費

事業名	延単位数	金額（百万円）
居宅介護	90 千時間	311
重度訪問介護	401 千時間	1,029
同行介護	21 千時間	36
計画相談支援	66 人	1
児童短期入所	1,619 日	24
心身障害者短期入所	13,698 日	181
行動援護	171 日	3
旧法身体障害者施設支援サービス費	63 人	13
特定障害者特別給付費	8,320 人	104
施設入所支援	4,387 人	467
生活介護	12,949 人	2,662
療養介護	441 人	114
療養介護医療費	455 人	31
自立訓練	1,001 人	85
就労移行支援	946 人	139
就労継続支援 A	88 人	10
就労継続支援 B	9,306 人	945
知的障害者共同生活援助・共同生活介護	2,834 人	687
精神障害者共同生活援助	961 人	207
高額障害福祉サービス等給付費	49 人	1
新体系定着支援事業	320 件	9
移行時運営安定化事業	5 件	＊
地域相談支援	40 件	1
児童発達支援	982 件	117
放課後等デイサービス	2,941 人	133
肢体不自由児通所医療費	65 人	＊
やむを得ない措置費	12 人	221
合計		7,312

備考）＊は 0.5 未満
出所）八王子市（2013）より作成。

コラム13　障害者福祉サービスの内容

生活介護：主として昼間に障害者入所支援施設等で，入浴，排せつまたは食事の介護，創作的活動，生産活動の機会の提供。

居宅介護：入浴・排せつ・食事の介護。

重度訪問介護：食事や排せつなどの身体介護，調理や洗濯などの家事援助，コミュニケーション支援，外出時における移動介護などを総合的に行う。

就労継続支援B：継続した就労の機会の提供，OJT，雇用への移行支援等のサービス。年齢が高く雇用が困難な障害者も対象となる。

知的障害者共同生活援助・共同生活介護：事業者と利用者がサービス提供と利用の契約を結び，共同生活の場において入浴，排せつ，食事等の世話（あるいは介護）を利用する。平日の日中は外部の日中活動を利用する。

施設入所支援：夜間における入浴，排せつ等の介護や日常生活上の相談支援を行う。

精神障害者共同生活援助：事業者と利用者がサービス提供と利用の契約を結び，共同生活の場において入浴，排せつ，食事等の世話を利用する。平日の日中は外部の日中活動を利用する。

療養介護：主として入院中の病院等において機能訓練，療養上の管理，看護・医学的管理の下での介護や日常生活上のサービスを利用する。

就労移行支援：有期限のプログラムに基づき，身体機能の向上のために必要な訓練等を利用する。

放課後等デイサービス：学校通学中の障害児に対して，放課後や夏休み等の長期休暇中において，生活能力向上のための訓練等を継続的に提供することにより，学校教育と相まって障害児の自立を促進するとともに，放課後等の居場所づくりを推進する。

児童発達支援：身近な地域の障害児支援の専門施設（事業）として，通所利用の障害児への支援にとどまらず，地域の障害児・その家族を対象とした相談や，障害児を預かる施設への援助，助言を含めて行うなど，地域支援に対応する。

（出所：東京都社会福祉協議会（2013b）より作成。）

図表 5.4.4 八王子市の障害者地域生活支援費

	延単位数	金額（百万円）
相談支援	9,577 件	41
コミュニケーション支援		10
手話通訳協力者派遣	1,141 件	4
要約筆記協力者派遣	155 件	0
手話通訳者派遣	256 件	2
要約筆記者派遣	104 件	1
コーディネート事務費		3
重度心身障害者日常生活用具給付費	10,537 件	121
移動支援給付費	67,331 時間	138
地域活動支援センターあくせす運営	13,674 件	22
福祉ホーム補助金	112 人	3
日中一時支援	12,100 人	30
重度障害者巡回入浴車派遣	1,828 回	8
身体障害者自動車改造費助成	9 人	1
心身障害者自動車運転教習費助成	4 人	1
合計		374

出所）八王子市（2013）より作成。

業である。また，障害者地域生活支援の内容は，図表 5.4.4 にみるように，移動支援給付費（138 百万円），重度心身障害者日常生活用具給付費（121 百万円）などである。

　第 2 位の「手当の支給」（12.6 億円）の内容は，図表 5.4.5 にみるように，心身障害者福祉手当（970 百万円）や特別障害者手当（174 百万円）などである。

　このような市町村と地域諸団体による障害者福祉サービスの提供のネットワークに対して，上級政府の国や都道府県が費用を分担している。前出図表 5.4.2 にみるように，障害者自立支援費 85.0 億円のなかで，八王子市の自己財源（一般財源）が 22.8 億円であるのに

図表 5.4.5 八王子市の「手当の支給」

	月額（円）	人員（人）	金額（百万円）
心身障害者福祉手当	15,500	62,596	970
特別障害者手当	26,340	1,094	174
	26,260	5,538	
障害児福祉手当	14,330	447	38
	14,280	2,226	
福祉手当（経過措置）	14,330	48	4
	14,280	233	
特定疾病患者福祉手当	4,000	18,252	73
合計		90,434	1,260

出所）八王子市（2013）より作成。

対して，国庫支出金が39.6億円，都支出金が22.6億円もある。障害者福祉は，財源については国や都道府県からの財政資金の比重が大きく，地域コミュニティにおける実際の福祉サービス提供に関わるコーディネーターの役割を市町村が担うという構造が読み取れる。

5.4.2　児童福祉

1947年に制定された児童福祉法では，第1条で「すべて国民は，児童が心身ともに健やかに生まれ，且つ，育成されるよう努めなければならない」とされ，その第2項で，「すべて児童は，ひとしくその生活を保障され，愛護されなければならない」と規定される。そして第2条では，「国及び地方公共団体は，児童の保護者とともに，児童を心身ともに健やかに育成する責任を負う」ことが規定される。

第10条では，市町村は，「児童及び妊産婦の福祉に関し，必要な実情の把握に努めること」，「必要な情報の提供を行うこと」，「家庭

その他からの相談に応じ，必要な調査及び指導を行うこと並びにこれらに付随する業務を行うこと」が定められ，第11条では，都道府県は，「市町村の業務の実施に関し，市町村相互間の連絡調整，市町村に対する情報の提供，市町村職員の研修その他必要な援助を行うこと及びこれらに付随する業務を行うこと」とされる。

　おそらく，第2次大戦直後の混乱のなかで，日本国憲法に基づく民主的な平和国家の建設の重要な一環として，児童福祉が地方公共団体の主導で確立されることを目指す国民的な願いの具体化であったと思われる。

　さて，それから65年を経た2012年に成立した子ども・子育て支援法では，その第1条で，「この法律は，我が国における急速な少子化の進行並びに家庭及び地域を取り巻く環境の変化に鑑み，児童福祉法（昭和二十二年法律第百六十四号）その他の子どもに関する法律による施策と相まって，子ども・子育て支援給付その他の子ども及び子どもを養育している者に必要な支援を行い，もって一人一人の子どもが健やかに成長することができる社会の実現に寄与することを目的とする」と述べられる。

　すなわち，「我が国における急速な少子化の進行並びに家庭及び地域を取り巻く環境の変化」の故に，児童福祉法の理念を現代的な環境と条件のなかで具体化するものと理解される。一方で少子化への対策として子育て支援を課題としつつ，他方では母親の就労に伴う困難を緩和して経済成長策にもつなげようという21世紀的な色合いも帯びている。

　第2条で，「子ども・子育て支援は，父母その他の保護者が子育てについての第一義的責任を有するという基本的認識の下に，家庭，

学校，地域，職域その他の社会のあらゆる分野における全ての構成員が，各々の役割を果たすとともに，相互に協力して行われなければならない」と述べられ，さらにその第3項で，「子ども・子育て支援給付その他の子ども・子育て支援は，地域の実情に応じて，総合的かつ効率的に提供されるよう配慮して行われなければならない」として，児童福祉法と同様に基礎自治体である市町村に重心を置いている。

　すなわち，第3条で市町村の責務として以下のことが列挙される。
　①子どもの健やかな成長のために適切な環境が等しく確保されるよう，子ども及びその保護者に必要な子ども・子育て支援給付及び地域子ども・子育て支援事業を総合的かつ計画的に行うこと。
　②子ども及びその保護者が，確実に子ども・子育て支援給付を受け，及び地域子ども・子育て支援事業その他の子ども・子育て支援を円滑に利用するために必要な援助を行うとともに，関係機関との連絡調整その他の便宜の提供を行うこと。
　③子ども及びその保護者が置かれている環境に応じて，子どもの保護者の選択に基づき，多様な施設又は事業者から，良質かつ適切な教育及び保育その他の子ども・子育て支援が総合的かつ効率的に提供されるよう，その提供体制を確保すること。

　そして，第3条の第2項で，都道府県は，市町村に対する必要な助言及び適切な援助や「各市町村の区域を超えた広域的な対応」が求められ，同第3項で，国は，「市町村及び都道府県と相互に連携を図りながら，子ども・子育て支援の提供体制の確保に関する施策その他の必要な各般の措置」が求められ，さらに，第4条では，事業主は，「当該労働者の子育ての支援に努めるとともに，国又は地方公共団体が講ずる子ども・子育て支援に協力しなければならな

い」と規定される。

次に,児童福祉や子育て支援策を「地域の実情に応じて,総合的かつ効率的に提供」する基礎自治体の事例として,八王子市を取り上げてみよう。

図表 5.4.6 で同市の児童福祉費（2012 年度決算ベース）をみると,総額の 341.3 億円のなかで,最大規模の分野は保育サービスであり,第 2 位が金銭給付であり,第 3 位が医療費関係の助成である。[*]

保育サービス分野では,児童保護費のなかの「保育サービスの充実」（民間保育所関係）125.2 億円,児童福祉施設費のなかの市立保育所管理運営 11.6 億円及び学童保育所・自主学童クラブ管理運営

図表 5.4.6 八王子市の児童福祉費（2012 年度決算）

（百万円）

児童福祉費	34,129
児童福祉総務費	3,249
民間保育所整備促進	823
児童保護費	27,586
保育サービスの充実	12,519
幼保連携サービスの充実	137
子育て家庭の負担軽減	11,068
ひとり親家庭の自立支援	3,836
児童福祉施設費	3,242
市立保育所管理運営	1,163
学童保育所・自主学童クラブ管理運営	1,819
児童青少年費	52

出所）八王子市（2013）より作成。

[*] 以下の八王子市の児童福祉費の詳細については,図表 5.4.6 の原資料である八王子市（2013）からの統計数値を用いている。

18.2億円,児童福祉総務費のなかの民間保育所整備促進8.2億円である。

第2の金銭給付分野では,児童保護費のなかの「子育て家庭の負担軽減」に含まれている児童手当75.9億円及び子ども手当16.4億円や「ひとり親家庭の自立支援」に含まれる児童扶養手当20.8億円がある。

第3の,医療費関係の助成の分野では,児童保護費の「子育て家庭の負担軽減」に含まれる乳幼児医療費助成10.5億円及び義務教育就学児医療費助成8.0億円,医療費助成2.3億円がある。

これらの児童福祉の主要項目の財源について,同図表の原資料で立ち入ってみよう。

上記の「保育サービスの充実」(民間保育所関係)125.2億円の場合には,国庫支出金が21.3億円,都支出金が35.7億円,八王子市が52.4億円,保護者負担金が15.9億円であり,それらの比重を算出すると,国庫支出金が17%,都支出金が29%,八王子市が42%,保護者負担金が13%である。すなわち,第1に,保護者負担金の5倍以上の租税資金が投入され,第2に,その半分近くが国や東京都からの財政移転であり,上記のように,児童福祉政策において基礎自治体である市町村を実施主体としながらも,国や都道府県が連携して協力するという構造のあらわれといえよう。

「子育て家庭の負担軽減」(金銭給付や医療費助成)110.7億円の場合は,国庫支出金が64.2億円,都支出金が23.2億円,八王子市が20.9億円であり,それらの比重を算出すると,国庫支出金が58%,都支出金が21%,八王子市が19%である。上記の保育サービス分野に比べて八王子市の負担比率が小さく,国からの財政資金の比重

が大きいことがわかる。すなわち,国や都の財政資金による給付や助成の流れにおいて,市町村の側が配布の実務を担当するという構造と理解できる。

本章では,日本の福祉国家システムにおいて,主軸の年金・医療・介護の社会保険に対して,補完的な位置を占める広義の社会福祉について詳細にみてきたが,福祉サービスや給付の提供・配分という実務の段階では,地方公共団体とりわけ市町村が重要な役割を

━━━ コラム14 児童手当の財政 ━━━

2012年度時点の児童手当制度の概略は,第1に対象は0歳から中学修了までの児童であり,第2に保護者に関する所得制限(夫婦と子供2人の世帯の場合は960万円)があり,第3に支給額の設定は図表5.4.7にみるように,3歳未満と3歳以上小学校修了前(第3子以後)の児童は月額1.5万円,3歳以上小学校修了前(第1子・第2子)の児童は月額1.0万円,所得制限以上の特例給付は月額0.5万円である。第4に費用負担は基本的には国と地方が2対1の比率であり,3歳未満児の保護者が被用者の場合には事業主負担があるという構造であり,2012年度当初予算段階で地方公共団体の負担は7千億円程度が見積もられている。[*]

国の一般会計の社会保障費から,「子供のための金銭の給付年金特別会計へ繰入」(1兆2,856億円)が,年金特別会計のなかにある「子供のための金銭の給付」勘定に繰り入れられ,この一般会計からの財政資金の繰入1兆2,856億円と,事業主からの拠出金2,321億円を財源として,児童手当の給付業務を行う地方公共団体(市町村)に「子供のための金銭の給付」交付金が交付される。この事業主拠出金は,年金保険料とともに事業主だけが1.5/1,000の料率で拠出するものであり,被用者拠出はない。

(出所:渋谷博史(2014)の第2章及び第3章の当該部分より作成。)

---

[*]厚生統計協会(2013b)76頁。

図表 5.4.7　児童手当の支給額と費用負担

支給額（月額）	
所得制限額未満	
3歳未満	15千円
3歳以上小学校修了前（第1子・第2子）	10千円
3歳以上小学校修了前（第3子以後）	15千円
中学生	10千円
所得制限以上（特例給付）	5千円
費用負担	
3歳未満	
被用者分	事業主7/15，国16/45，地方8/45
非被用者分	国2/3，地方1/3
特例給付分	国2/3，地方1/3
公務員分	所属庁10/10
3歳から中学校修了まで	
被用者分	国2/3，地方1/3
非被用者分	国2/3，地方1/3
特例給付分	国2/3，地方1/3
公務員分	所属庁10/10

出所）厚生労働統計協会（2013b）76頁より作成。

担うことがわかった。この実務を担う市町村に対して，上級政府である国や都道府県が財源や情報やルールを体系的に提供している。

次章では，実務を担う市町村に対して国や都道府県が財源等を提供する仕組みのなかで，財政調整的なメカニズムが内蔵されることに着目しながら，日本福祉国家における地方財政の特徴を詳しく検討しよう。

第6章　福祉国家における地方財政

6.1　地方公共団体と住民の福祉

　日本国憲法の「第8章地方自治」に以下の規定がある。第92条では、「地方公共団体の組織及び運営に関する事項は、地方自治の本旨に基いて、法律でこれを定める」とあり、第93条では、「地方公共団体には、法律の定めるところにより、その議事機関として議会を設置する」とされ、さらにその第2項で、「地方公共団体の長、その議会の議員及び法律の定めるその他の吏員は、その地方公共団体の住民が、直接これを選挙する」ことが定められている。

　すなわち、地方公共団体における自治を支える最重要な制度として、地方公共団体の政策を決定する首長や議員が、国から任命されるのではなく、住民が直接選挙して選ぶことが明記されている。

　そして地方自治法では、第1条で、「この法律は、地方自治の本旨に基いて、地方公共団体の区分並びに地方公共団体の組織及び運営に関する事項の大綱を定め、併せて国と地方公共団体との間の基本的関係を確立することにより、地方公共団体における民主的にして能率的な行政の確保を図るとともに、地方公共団体の健全な発達を保障することを目的とする」としたうえで、さらに、「地方公共団体は、住民の福祉の増進を図ることを基本として、地域における行政を自主的かつ総合的に実施する役割を広く担うものとする」と

規定している。

　すなわち，第1に地方公共団体は「住民の福祉の増進」を基本目標として，そのために第2に「地域における行政を自主的かつ総合的に実施する役割」を果たし，第3にそのような「地方公共団体の健全な発達」を保障するために「国と地方公共団体との間の基本的関係を確立する」ことが重要な前提となるのである。

　しかし後に詳しくみるように，「住民の福祉の増進」を基本目標とする「自主的かつ総合的」な地域の行政を実施する地方公共団体の政策決定については，一方で上記のように住民自治に基礎を置く地方自治の原理が働くことが基本であるが，他方では，「国と地方公共団体との間の基本的関係」，特に国からの財政移転が重要な役割を果たすという枠組みが強く働きかける面もある。その「地方自治の基本原理」と「国・地方公共団体の基本的関係」という2つの要因の織りなす関係を，上記の条文のなかでは「地方公共団体の健全な発達を保障する」という文言に表している。

　さて，この地方公共団体が基本目標とする「住民の福祉の増進」について，住民の立場からいかなるものであるのかを，次節で東京都の八王子市の『くらしの便利帳』を材料にして，みてみよう。

6.2　福祉国家の現場：八王子市を事例に

1　市役所の組織と仕事

　2007年度末時点で八王子市の54.7万人の住民に対して，八王子市という地方公共団体（市職員3,036人）は，実にさまざまな公共サービスや給付を提供している。

　図表6.2.1で全体の組織と仕事の内容をみると，一番上の総合政

図表 6.2.1　八王子市の組織図

総合政策部	政策の立案や広報・広聴
行政経営部	行財政改革や行政評価，監査
総務部	総務課，法制課，職員課，安全衛生課，IT推進課
財務部	財政課，管財課，建築課，契約課
税務部	住民税課，資産税課，納税課，滞納解消対策本部
会計部	公金の出納，審査
生活安全部	防災，消防，防犯
市民部	
市民課	住民票，戸籍，外国人登録
国民健康保険年金課	国民健康保険の収納及び給付，国民年金の各種届
環境部	環境規制，河川水質，大気環境，緑地，ごみ処理，清掃施設
下水道部	下水道の設置，使用料・受益者負担
水道部	水道の工事と維持，料金収納
健康福祉部	
高齢者相談課	介護保険の認定申請，高齢者支援サービスの受付
高齢者支援課	老人医療費，地域包括支援センター，老人クラブ
介護サービス課	介護保険の要介護認定，給付，保険料の徴収
障害者福祉課	障害者の手当て，援護，医療
生活福祉課	生活保護
こども家庭部	
子育て支援課	児童手当，医療助成，幼稚園，保育所，ひとり親家庭
児童青少年課	児童館・学童保育，青少年健全育成
学校教育部	
教育総務課	教育委員会の事務
施設整備課	小中学校の物品，管財，建設
学事課	学事，児童生徒の保健衛生，学校給食
指導室	教職員の人事，研修
生涯学習スポーツ部	
市民活動推進部	町会・自治会，コミュニティ施策
産業振興部	事業資金融資あっせん，労働関係，観光，農林業
まちづくり計画部	都市計画
まちなみ整備部	市営住宅，建築事前協議，建築確認，公園，企画整理
南口再開発推進室	八王子駅南口再開発
道路事業部	道路橋水路の工事，用地取得，交通事業
議会事務局	
選挙管理委員会事務局	
公平委員会事務局	
監査事務局	
農業委員会事務局	
固定資産評価審査委員会事務局	

出所）八王子市（2007）『八王子市くらしの便利帳』より作成。

策部から固定資産評価審査委員会事務局までの27の部局があり，そのなかで，本章のテーマである「福祉国家と地方財政」に深く関係するのは，市民部（国民健康保険年金課），健康福祉部（高齢者医療，介護保険），こども家庭部（児童手当，幼稚園，保育所），学校教育部等である。

それらについては次項で詳しくみるとして，ここでは全体の組織についてみておこう。

第1に，総合政策部や行政経営部や総務部や財務部や税務部や会計部は，地方公共団体の行政組織を管理運営するものであり，特に財務部と税務部は全体の予算や税収という地方公共団体の全体の活動を賄うための財政面の仕組みを担当している。

第2に，生活安全部（防災，消防，防犯）や市民部市民課（戸籍，住民票）や環境部（ごみ関係）や下水道部や水道部は，住民の日常生活に不可欠な基礎的な公共サービスを担当している。

第3に，上述のように福祉国家の最重要な現場といえる医療，高齢者福祉，子育て支援，教育を担当するのが，市民部国民健康保険年金課，健康福祉部，こども家庭部，学校教育部である。

第4に，地域の経済社会に必要な規制やインフラを担当するのが，産業振興部，まちづくり計画部，まちなみ整備部，道路事業部等である。

2 「ゆりかごから墓場まで」の実際

資料として使用している『八王子市くらしの便利帳』（2007）では，人生の流れに沿って上記の公共サービスの役割を説明している。

第1に，誕生から子育ての段階では，市民部市民課に「妊娠届」を出すと母子健康手帳が渡され，また妊婦健康診査受診については

一定金額を上限として助成がある。そして，出生から14日内に「出生届」を提出すると，さまざまな手当や医療や子育て支援が提供されるようになる。たとえば，三種混合（ジフテリア・百日せき・破傷風）や日本脳炎やポリオの予防接種があり，また，児童手当・乳幼児医療費補助・義務教育就学時医療費助成（子育て支援課）や特別児童手当（障害者福祉課）もある。義務教育の段階では，入学する年の1月末までに学校教育部の学事課から「入学通知書」が送付される。また市外からの転入学に際しては，市民課での転入手続きが終わると，学事課から「就学通知書」が発行される。

第2に，成人すると市民部市民課の国民年金担当で加入手続きを行う（国民年金には3種類の加入者があり，被用者年金にカバーされない第1号被保険者のみ）。また第2号及び第3号被保険者から第1号被保険者に変わったときも，同様に，市役所で加入手続きを行う。医療保険についても，被用者保険にカバーされない人は国民健康保険に加入するために，国民健康保険年金課の資格課税担当で手続きを行って，保険証の交付を受ける。さらに重要なのは選挙権である。国や都道府県や市町村の選挙にかかわる事務は，図表6.2.1の下の方にある選挙管理委員会事務局が行うのである。結婚をすれば，市民課に婚姻届を提出する。そして子どもが生まれれば上記の「誕生から子育て」の手続きと公共サービスの提供がある。

第3に，一般的な家庭生活が始まると，環境部のごみ減量対策課，下水道部，水道部によって提供される基礎的な公共サービスが不可欠となる。たとえば，ごみについては，可燃ごみ（週2回収集）と不燃ごみ（週1回収集）と有害ごみ（週1回収集）に分類することになり，可燃ごみと不燃ごみの指定収集袋をスーパー等で購入するこ

とになる。また,「乳幼児や65歳以上の方,障害者手帳をお持ちの方などがいる世帯」で紙おむつを使用している場合には,無料のおむつ専用袋を用意」したり,「生活保護法に基づく保護を受けている世帯」や「在宅で生活している身体障害者手帳(1級または2級)をお持ちの方がいる世帯」には指定収集袋を,一定枚数を限度として,無料で交付するというように,きめの細かい仕組みがつくられている。

第4に,人生の時間が不可逆的に進んで高齢期になると,手厚い福祉国家の現場をみることになる。図表6.2.2で,八王子市の福祉関係の詳しい組織図をみると,健康福祉部のなかの高齢者相談課,高齢者支援課,介護サービス課が高齢者への福祉を担当している。介護保険の場合には,介護保険のサービスを利用するには加入して被保険者になるだけではなく要介護認定を受ける必要がある。高齢者相談課で要介護認定を申請し,次に介護サービス課の認定審査担当で要介護あるいは要支援が認定されると,介護サービス計画に基づいて介護サービスの利用が始まるという流れである。

また要介護や要支援の認定を受けるほどではない高齢者に対しても,高齢者支援課でさまざまなサービスを提供している(老人クラブ,生活支援,高齢者緊急通報システム等)。高齢者支援課の生活支援担当のもとに運営される地域包括支援センターは各地域に設置され(八王子市では12か所),「高齢者が安心して住みなれた地域で生活できるよう,介護や保健・福祉サービスの総合的な相談に」応じることを目的としており,対象はおおむね65歳以上の方で,虚弱,ねたきり,認知症などのために,日常生活を営むのに支障のある方とその家族であり,具体的なサービスは,「在宅介護に関する相談,

図表 6.2.2　八王子市の福祉関係組織図

市民部	
市民課	住民票，戸籍，外国人登録
国民健康保険年金課	
資格課税担当	国民健康保険証，国民健康保険税課税
収納担当	国民健康保険税の収納・納付催促・納税相談
給付担当	国民健康保険の医療費・各種療養日の給付
国民年金担当	国民年金の各種届出
健康福祉部	
高齢者相談課	介護保険の認定申請，高齢者支援サービスの受付
高齢者支援課	
生きがい推進担当	老人クラブ，高齢者生きがい活動支援
生活支援担当	地域包括支援センター，高齢者の生活支援
老人医療担当	老人医療費，老人保健法医療受給者証
介護サービス課	
資格給付担当	介護保身被保険者証，給付
認定審査担当	介護保健の要介護認定，要支援認定
賦課徴収担当	介護保険料の賦課，徴収
障害者福祉課	
福祉担当	心身障害者の手当・医療・助成
援護担当	心身障害者の相談・援護
精神担当	精神障害者の相談・通院医療費の公費負担申請
生活福祉課	
総括担当	生活保護費の経理
相談担当	生活保護の相談・申請
生活福祉担当	生活保護の決定
こども家庭部	
子育て支援課	
こども福祉担当	児童手当，乳幼児・義務教育就学児童手当
庶務・幼稚園・認定こども園担当	幼稚園保護者負担軽減補助金，就園奨励金補助金
保育所入所・徴収担当	保育所，保育料の決定
認可・認可外保育所担当	公立保育園管理運営，私立保育園の運営助成
ファミリーサポート担当	ファミリー・サポート・センター事業
児童青少年課	
児童担当	児童館・学童保育
青少年担当	青少年健全育成団体の活動推進

出所）八王子市（2007）『八王子市くらしの便利帳』より作成。

保健・医療・福祉に関する情報提供，各種公的サービスの利用相談や手続の援助，介護機器の展示・紹介，介護予防に関する相談」である。

高齢者支援課の重要な役割は，高齢者医療制度であり，ここで，老人保健法医療受給者証（2008年度からは後期高齢者医療被保険者証）が，75歳以上（65歳以上の障害者も含む）の高齢者にたいして交付される。医療にかかわることは第3章で詳しくみているので，人生における次の段階に進もう。

第5に，医療技術や医療保険システムがどれだけ発達，充実しても人間は死を免れることはできない。その段階にも地方公共団体は重要な役割を担っている。まず，死亡の時点で，親族または同居者は「死亡の事実を知った日から7日以内」に，市民部市民課に死亡診断書を添えて死亡届と火葬許可申請書を提出しなければならない。火葬場で火葬した後，火葬許可証に火葬日時の入った火葬証明印を押してもらうことで，埋葬許可証という意味も持つことになる。それがないと，墓地に埋葬することができないのである。また，八王子市では，「市内のお住まいの方が亡くなられた場合，八王子市斎場あるいは南多摩斎場では無料で火葬を行うこと」ができるとなっている。

以上みたように，現代の福祉国家では「ゆりかごから墓場」までと例えられるように，国民に対して包括的で総合的な公共サービスを提供しており，地方公共団体のなかでも市町村が福祉現場の最前線に位置しているといえよう。次に節を改めて，その包括的かつ総合的な公共サービスを賄う仕組みである財政システムの基本構造をみよう。

6.3 福祉国家と政府間財政関係

21世紀日本の政府部門において，急速な人口高齢化の深化に伴って，年金・医療・介護の社会保険の比重が一層大きくなり，国（中央政府）や地方公共団体（地方政府）からも租税資金が投入されているのは，第1章でみたとおりである（第1章の前出図表1.7.1）。また，それらの社会保険を中心とする社会保障システムの側からみても，国や地方公共団体の租税資金には，財政基盤の弱い制度に厚く配分される形の財政調整のメカニズムがあり，さらに社会保障システム内部の社会保険制度の間の資金移転にも，財政基盤の強い制度から弱い制度への再配分という財政調整のメカニズムがある（第1章の前出図表1.8.1）。

そして，本章でみる地方財政においても財政調整メカニズムが有効に機能している。第1章の前出図表1.7.1において，地方公共団体（地方政府）は2012年度の総収入の対GDP比率15.7％のうち，経常収入の部門間移転が6.0％，資本収入のそれは1.5％もあるので，総収入に占める部門間移転の比重を算出すると4割を超えている。

国から地方公共団体への財政移転には，使途を特定する特定補助金と，使途を限定しない一般補助金がある。図表6.3.1の地方公共団体の全体の歳入でみると，前者は国庫支出金であり，後者は地方交付税である。結論を先取りしておくと，地方交付税は本来的に財政基盤の弱い地方公共団体に厚く配分する財政調整メカニズムであるが，国庫支出金も結果的には同様の財政調整の機能を果たしている。

このような複雑な政府間財政関係のなかに精巧な財政調整のメカ

図表 6.3.1 地方財政歳入の全体構造（2012年度決算）

	都道府県		市町村		純計額	
	億円	(%)	億円	(%)	億円	(%)
地方税	161,167	31.6	183,440	32.7	344,608	34.5
地方譲与税	18,309	3.6	4,405	0.8	22,715	2.3
地方交付税	93,171	18.3	89,727	16.0	182,898	18.3
地方消費税交付金			12,656	2.3		
国庫支出金	65,831	12.9	88,762	15.8	154,593	15.5
都道府県支出金			34,369	6.1		
その他	99,156	19.5	96,150	17.0	170,236	17.0
地方債	71,737	14.1	51,945	9.3	123,379	12.4
歳入合計	509,372	100.0	561,454	100.0	998,429	100.0

出所）総務省（2014a）より作成。

ニズムを内蔵することで，日本の福祉国家は，地域間や業種間の不均衡や格差を均すための有効な機能を有していると考えられる。

6.3.1　市町村の歳入

まず，「基礎的な地方公共団体」である市町村の歳入を計数的に検討することから始めよう。*

市町村の歳入の全体を図表 6.3.1 でみると，第 1 に，総額が 56 兆 1,454 億円であり，第 1 位は地方税（18 兆 3,440 億円），第 2 位は地方交付税（8 兆 9,727 億円），第 3 位は国庫支出金（8 兆 8,762 億円），第 4 位は地方債（5 兆 1,945 億円）である。地方債は，その年度にお

＊本章における地方財政の検討は，本書の姉妹編『福祉国家と地方財政』の第 2 章及び第 3 章の地方財政分析を基礎にして，データをアップデートしながら，本書における社会保障システムの問題意識に基づいて再編したものである。

ける必要な金額に対して歳入が不足するので借り入れた金額を示すのであり，それを上記の歳入総額から差し引くと，純歳入は50兆9,509億円となるので，その純歳入に占める比重を計算すると，第1位の地方税は36.0％，第2位の地方交付税は17.6％，第3位の国庫支出金は17.4％となる。

第2に，同図表の地方譲与税，地方交付税，国庫支出金，都道府県支出金を上級政府への依存財源とみると，それらの合計は21兆7,263億円となり，総歳入に占める比重は38.7％になる。

したがって第3に，市町村財政の基本構造は，地方税を中心とする自主財源が52.0％，上級政府への依存財源が38.7％，地方債が9.3％ということになる。

第4に，ちなみに自主財源の中心である地方税について同図表の原資料である総務省（2014a）をみると，市町村民税が45％，固定資産税が42％であり，それ以外には都市計画税や市町村たばこ税や事業所税がある。

第5に，市町村の歳入における2番目に大きな項目である地方交付税は，国が徴収する租税資金の一定割合[*]を地方公共団体に分与する制度であり，その目的は，全国の地方公共団体において，「税源の偏在による地方公共団体間の財政力の格差を調整（財源調整機能）し，財政力の弱い自治体であっても，必要な公共サービスを提供できるよう，必要な財源を保障する」（財源保障機能）するものである[**]。地方交付税は一般財源として，財政移転の時点では使い道

---
[*] なお，地方交付税の対象となる国税は，所得税（税収の32％が交付税に回る），法人税（税収の34％），酒税（税収の32％），消費税（税収の22.3％），たばこ税（税収の25％）である。
[**] 西田安範編（2012）262頁。

が特定されない補助金である。[*]

　第5に，第3位の国庫支出金は，国から地方公共団体に支出される際に使い道が特定される特定補助金である。図表6.3.2で，市町村に対する国庫支出金の内訳をみると，生活保護費負担金（2兆6,210億円）や児童保護費等負担金（4,527億円）や障害者自立支援給付費等負担金（8,557億円）や「子どものための金銭の給付交付金」（1兆4,761億円），普通建設事業費支出金（5,216億円）や「災害復旧事業費支出金」（2,096億円）や社会資本整備総合交付金（5,744億円）があり，さらに東日本大震災復興交付金（1兆0,859億円）もある。

　さらに第6に，国からのこれらの財政移転に加えて，市町村の場合には，前出図表6.3.1にみるように，都道府県からの支出金（3兆4,369億円）もある。図表6.3.3でその内訳をみると，児童保護費等負担金や障害者自立支援給付費等負担金や「子どものための金銭の給付交付金」や普通建設事業費支出金などがある。

6.3.2　市町村の歳出

　地方自治法の第2条で，市町村は，「地域における事務」等を一般的に実施する「基礎的な地方公共団体」であり，都道府県は，「市町村を包括する広域の地方公共団体」であり，「その規模又は性

---

　[*]各地方公共団体への交付額は，それぞれの基準財政需要額が基準財政収入額を超えた財源不足額に応じて算定される金額である。基準財政需要額は，それぞれの行政サービスの分野について，「単位費用」に「測定単位」を乗じたものに，さらに補正係数を乗じて算定する。単位費用とは，標準的な地方公共団体における標準的な費用から，その事業に対する国庫補助金等を差し引いて算出される「標準的な地方公共団体における標準的な一般財源所要額」である。また補正係数とは，各地方公共団体における社会的あるいは自然的な条件が多様であることに配慮して，地方公共団体の規模や人口密度や気候条件等を加味するものである。基準財政収入額とは，標準的な税収入及び特別交付金の75％と，地方譲与税と，地方特例交付金の合計である（出井信夫ほか，2008，192-193頁）。

図表 6.3.2 国庫支出金（2012年度決算）

	都道府県		市町村		純計額	
	億円	%	億円	%	億円	%
義務教育費負担金	15,300	23.1			15,300	9.9
生活保護費負担金	1,428	2.2	26,210	29.4	27,638	17.8
児童保護費等負担金	1,326	2.0	4,527	5.1	5,853	3.8
障害者自立支援給付費等負担金	697	1.1	8,557	9.6	9,254	6.0
私立高等学校等経常費助成費補助金	1,094	1.7			1,094	0.7
子どものための金銭の給付交付金			14,761	16.6	14,761	9.5
公立高等学校授業料不徴収交付金	2,215	3.3	141	0.2	2,356	1.5
高等学校等就学支援金交付金	1,346	2.0			1,346	0.9
普通建設事業費支出金	7,737	11.7	5,216	5.9	12,953	8.3
災害復旧事業費支出金	3,812	5.8	2,096	2.4	5,908	3.8
失業対策事業費支出金						
委託金	1,340	2.0	928	1.0	2,267	1.5
普通建設事業	74	0.1	24	**	98	0.1
災害復旧事業	*	**	7	**	8	**
その他	1,266	1.9	896	1.0	2,162	1.4
財政補給金	40	0.1	51	0.1	90	0.1
国有提供施設等所在市町村助成交付金	*	**	335	0.4	335	0.2
交通安全対策特別交付金	392	0.6	286	0.3	678	0.4
電源立地地域対策交付金	895	1.4	354	0.4	1,249	0.8
特定防衛施設周辺整備調整交付金			210	0.2	210	0.1
石油貯蔵施設立地対策等交付金	55	0.1			55	**
社会資本整備総合交付金	6,286	9.5	5,744	6.5	12,030	7.7
地域自主戦略交付金	4,627	7.0	443	0.5	5,070	3.3
東日本大震災復興交付金	2,269	3.4	10,859	12.2	13,127	8.5
その他	15,364	23.0	8,332	9.2	23,696	15.2
国庫支出金合計	66,224	100.0	89,047	100.0	155,271	100.0

備考）＊は 0.5 未満、＊＊は 0.05 未満。
出所）総務省（2014a）より作成。

図表 6.3.3 都道府県支出金（2012 年度決算）

	億円	％
国庫財源を伴うもの	21,256	61.8
児童保護費等負担金	1,382	4.0
障害者自立支援給付費等負担金	4,017	11.7
子どものための金銭の給付交付金	3,032	8.8
普通建設事業費支出金	2,351	6.8
災害復旧事業費支出金	934	2.7
委託金	628	1.8
普通建設事業	75	0.2
災害復旧事業	3	＊
その他	550	1.6
電源立地地域対策交付金	219	0.6
石油貯蔵施設立地対策等交付金	50	0.1
その他	8,644	25.3
都道府県費のみのもの	13,112	38.2
普通建設事業費支出金	1,630	4.7
災害復旧事業費支出金	15	＊
その他	11,467	33.5
都道府県合計	34,369	100.0

備考）①＊は 0.05 未満。
　　②「国庫財源を伴うもの」は，国庫支出金として都道府県の予算に計上されたうえ交付され，又は国庫支出金に加えて国の法令の規定に基づく都道府県の補助負担分として交付されたものである。
出所）総務省（2014a）より作成。

質において一般の市町村が処理することが適当でない」ものを処理する，と規定される。その「基礎的な地方公共団体」である市町村の役割をみるために，その歳出を検討しよう。

　図表 6.3.4 にみるように，2012 年度（決算ベース）における市町村レベルの 1,719 団体の歳出合計は 54 兆 1,764 億円であり，主要経費の第 1 位は民生費（18 兆 4,573 億円）であり，第 2 位は総務費（7

図表 6.3.4 地方財政歳出の全体構造（2012 年度決算）

	都道府県		市町村		純計額	
	（億円）	（％）	（億円）	（％）	（億円）	（％）
議会費	786	0.2	3,727	0.7	4,501	0.5
総務費	30,784	6.2	75,289	13.9	99,618	10.3
民生費	73,024	14.8	184,573	34.1	231,523	24.0
衛生費	19,186	3.9	43,957	8.1	59,932	6.2
労働費	6,517	1.3	2,410	0.4	7,687	0.8
農林水産業費	23,284	4.7	12,196	2.3	31,813	3.3
商工費	43,040	8.7	19,497	3.6	62,069	6.4
土木費	53,047	10.7	61,367	11.3	112,423	11.7
消防費	2,182	0.4	17,726	3.3	19,068	2.0
警察費	31,883	6.4			31,881	3.3
教育費	108,627	22.0	53,646	9.9	161,479	16.7
その他	6,061	1.2	4,695	0.9	9,712	1.0
公債費	70,023	14.2	60,659	11.2	130,087	13.5
歳出合計	494,818	100.0	541,764	100.0	964,186	100.0

出所）総務省（2014a）より作成。

兆 5,289 億円），第 3 位が土木費（6 兆 1,367 億円），第 4 位が公債費（6 兆 0,659 億円），第 5 位が教育費（5 兆 3,646 億円）である。公債費は，過去の年度における歳入不足によって累積してきた債務にたいする元金返済と利子支払いであり，また総務費は人件費や建物・物件費等の総務管理的経費であるので，市町村財政における実質的な主要経費は，民生費（比重は 34.1％）と土木費（11.3％）と教育費（9.9％）となる。

民生費の内訳は，図表 6.3.5 にみるように，社会福祉費，老人福祉費，児童福祉費，生活保護費，災害救助費である。

社会福祉費（4 兆 3,236 億円）の主内容は，第 1 に国民健康保険特

別会計への繰出しであり,第2には障害者福祉（障害者自立支援,心身障害者福祉手当等）である。

第3章で詳しくみたように,市町村レベルの地方公共団体が特別会計で運営する国民健康保険には,国と都道府県と市町村の3つのレベルの政府から租税資金が投入されるが,市町村レベルの租税資金の投入は,一般会計の民生費のなかの社会福祉費からの繰出しの形になっている。たとえば八王子市の場合（2012年度決算）は,社会福祉費（狭義）141.8億円のうち,国民健康保険特別会計への繰出しが84.5億円であった。

他方,障害者福祉については,国や都道府県からの補助金と市町村の一般財源からの資金で,さまざまな施策が行われている。たとえば八王子市の場合（2012年度決算）は障害者福祉費（112.5億円）のなかの最大項目である障害者自立支援（85.0億円）の財源は,国庫支出金が39.6億円,都支出金が22.6億円,八王子市一般財源が22.8億円であった（前出図表5.4.2）。

図表6.3.5にもどって,老人福祉費（3兆3,769億円）の内容は,第1に介護保険特別会計や後期高齢者医療制度への繰出しであり,上記の八王子市の場合では,老人福祉費54.7億円のなかで介護保険特別会計への繰出しが46.7億円も占めており,また後期高齢者医療制度への繰出しの46.6億円は社会福祉費（狭義）のなかに計上されている。[*] 老人福祉のそれ以外の部分は,老人保護措置（養護老人ホームの費用）,「社会参加と生きがい作り」（シルバー人材セン

---

[*] ちなみに,国民健康保険や後期高齢者医療制度や介護保険に対する市町村財政からの繰入と,後に検討する都道府県からの繰入が,前出図表1.8.1（第1章）の社会保障システム全体の財政構造のなかでみると,それらの社会保険の収入のなかにある「他の公費負担」を構成している。

ター運営助成,老人クラブ育成),高齢者在宅生活支援サービス(おむつ給付,緊急通報システム,在宅理容師・美容師派遣),地域密着型サービス施設等整備(認知症高齢者グループホーム整備事業補助金等)を賄うために使われている。

図表6.3.5にもどって,児童福祉費(6兆5,462億円)は主として保育所等の費用や児童扶養手当等に当てられている。また生活保護費(3兆6,857億円)は,第5章でみたように,日本の福祉国家システムのなかで最終的なセフティネットとして重要な制度である。

ところで,市町村財政で2番目に重要な経費は土木費(6兆1,367億円)であるが,都道府県財政においても重要な経費である。図表6.3.4の原資料によれば,都道府県レベルでは相対的に大きな事業規模の道路や橋,河川海岸を受け持つのに対して,市町村レベルは小さな事業規模の道路や橋を受け持ち,さらに重要なのは,都市計画費(下水道費,区画整理費等)が3兆2,297億円もあり,土木費の半分以上を占めていることである。すなわち,都道府県レベルはその地域全体の基本的なインフラ整備を担い,他方,市町村レベルは

図表6.3.5 民生費の全体構造(2012年度決算)

	都道府県		市町村		純計額	
	億円	%	億円	%	億円	%
社会福祉費	22,377	30.6	43,236	23.4	55,673	24.0
老人福祉費	29,965	41.0	33,769	18.3	57,252	24.7
児童福祉費	14,519	19.9	65,462	35.5	72,536	31.3
生活保護費	2,708	3.7	36,857	20.0	39,051	16.9
災害救助費	3,455	4.7	5,249	2.8	7,011	3.0
合計	73,024	100.0	184,573	100.0	231,523	100.0

出所)総務省(2014a)より作成。

都市経営のためのインフラ整備に重点を置くという形の役割分担があるといえよう。

6.3.3　都道府県の歳入

地方自治法の第2条で，都道府県は，「市町村を包括する広域の地方公共団体」であり，「その規模又は性質において一般の市町村が処理することが適当でない」ものを実施する，と規定される。その都道府県の役割を果たすための財源について，前出図表6.3.1に戻って検討しよう。

第1に，総額が50兆9,372億円であり，第1位は地方税（16兆1,167億円），第2位は地方交付税（9兆3,171億円），第3位は地方債（7兆1,737億円），第4位は国庫支出金（6兆5,831億円）である。上述のように地方債は，その年度における必要な金額に対して歳入が不足するので借り入れた金額を示すのであり，それを歳入総額から差し引くと純歳入は43兆7,635億円となる。その純歳入に占める比重を計算すると，第1位の地方税は36.8％，第2位の地方交付税は21.3％，第4位の国庫支出金は15.0％となる。

第2に，上で検討した市町村の歳入と同様に，同図表の地方譲与税，地方交付税，国庫支出金を国への依存財源とみると，その合計は17兆7,311億円となり，総歳入に占める比重は34.8％になる。

したがって第3に，都道府県財政の基本構造は，地方税を中心としてそれに「その他」を加えた自主財源が51.1％，国への依存財源が34.8％，地方債が14.1％ということになる。

第4に，ちなみに自主財源の中心である地方税について同図表の原資料である総務省（2014a）をみると，道府県民税が40％，事業

税が18%，地方消費税18%，自動車税が11%，軽油引取税が7%であった。

第5に，地方交付税（9兆3,171億円）は，周知のように，地方公共団体の公共サービスについて，全国的に一定水準を維持することが望ましいが，他方で，各地域の経済状況は多様であり，それぞれの地方公共団体の税収（財政力）には格差があるために，自主財源が不足する地方公共団体に対して，国が国税の一部を分与することで，すべての地方公共団体においてその一定水準を可能にすることを目的とするものである[*]。

第6に，国庫支出金（6兆5,831億円）は使い道が特定されるものであり，前出図表6.3.2にみるように，義務教育費負担金（1兆5,300億円）と，公共事業関係の普通建設事業費支出金（7,737億円）や社会資本整備総合交付金（6,286億円）や災害復旧事業費支出金（3,812億円）や地域自主戦略交付金（4,627億円）が中心である。これらは，次にみる都道府県の歳出における特徴，すなわち，義務教育を中心とする教育費と大規模公共事業が軸となっていることと整合しているといえる。

6.3.4 都道府県の歳出

前出図表6.3.4で都道府県レベルの歳出をみると，全体の規模は49兆4,818億円であり，市町村レベルより1割程度小さいが，以下の特徴を読み取ることができよう。

第1に，第1位は教育費（10兆8,627億円）であり，第2位は民

---

[*] 地方交付税の財政調整メカニズムについては，本書の姉妹編『21世紀日本の福祉国家財政』（2014年）の第3章を参照されたい。

生費（7兆3,024億円），第3位は公債費（7兆0,023億円），第4位が土木費（5兆3,047億円），第5位が商工費（4兆3,040億円），第6位が警察費（3兆1,883億円）である。市町村レベルでは手薄である商工費や，さらには農林水産業費（2兆3,284億円）という産業政策の経費が注目される。

第2に，最大経費の教育費について同図表の原資料で立入ってみると，中心は小学校費（3兆4,511億円）と中学校費（2兆0,280億円）と高等学校費（2兆0,054億円）である。高等学校費は，現在の高い高校進学率を支える都道府県立の高校に投入されており，また，小学校費と中学校費は主として義務教育の教員の人件費である。市町村レベルでも教育費は5兆3,646億円もあるが，それは主として小中学校の施設の建設・維持及び運営費や学校給食費であり，さらに公民館・図書館・文化財保護費等の社会教育費もある。上でみた土木費と同様に，教育においても都道府県レベルと市町村レベルでそれぞれに役割を分担している。

第3に，第2位の民生費について検討しよう。同図表の原資料によれば，2012年度決算ベースで，全国の市町村で運営される国民健康保険と介護保険の特別会計，さらに都道府県単位で運営される後期高齢者医療制度に対して，それぞれの市町村が存在する都道府県から支出金が投入されており，また，前項でみた市町村の民生費で賄われる福祉政策（障害者福祉，児童福祉等）に対しても都道府県から補助金が投入されている。

したがって，上記の教育費や土木費における役割分担と違って，民生費の場合には，都道府県は市町村レベルで実施される福祉事業や社会保険に対する財政移転というかかわり方が特徴といえよう。

図表 6.3.6 で,市町村の民生費の財源をみると,国庫支出金の比重が 33％,都道府県支出金のそれが 12％であり,合計すると 45％になる。他方,市町村の側の一般財源の比重は 50％であるが,財政基盤の弱い市町村の場合にはその一般財源のなかに地方交付税という国からの財政支援が入っていると考えられる。

以上,本章では日本の地方財政の構造を,市町村レベルと都道府県レベルに分けて考察した。第 1 に,国民に最も近い市町村レベルにおける民生費（社会福祉や医療や介護）については,上級政府である国や都道府県からの財政移転が重要な仕組みとなって織り込まれている。第 2 に,他方では,公共事業や教育についてはその 2 階層で役割を分担している。第 3 に,それらの地方公共団体の役割を果たすための財源においては,国からの国庫支出金等の財政支援に加えて,地域的な財政格差を埋める機能もある地方交付税という財政移転も,必要不可欠な仕組みとして位置付けられている。

次に,地域格差の視点からさらに踏み込んで検討を進めよう。

図表 6.3.6 民生費の財源（2012 年度決算）

	都道府県		市 町 村		純 計 額	
	億円	％	億円	％	億円	％
国庫支出金	7,866	10.8	61,464	33.3	69,330	29.9
都道府県支出金			21,526	11.7		
使用料,手数料	358	0.5	2,379	1.3	2,737	1.2
分担金,負担金,寄附金	388	0.5	3,877	2.1	3,196	1.4
地方債	730	1.0	1,424	0.8	2,055	0.9
その他特定財源	7,790	10.7	2,119	1.1	9,771	4.2
一般財源等	55,891	76.5	91,785	49.7	144,434	62.4
合計	73,024	100.0	184,573	100.0	231,523	100.0

出所）総務省（2014a）より作成。

6.4　地域格差と財政調整と地方分権

　日本列島のそれぞれの地域に存在する各地方公共団体には多様な自然条件と社会条件を与件としているが，他方で，日本国憲法を軸とする法制度によって民主的で平和主義の福祉国家を構築，維持するために，最低限度の一様の公共サービスを提供する，あるいは確保することが求められている。

　その多様性と一様性の故に生じる財政面のギャップを埋めるために財政調整メカニズムが構築されている。

　ここでは，経済条件で不利である過疎地の五所川原市（青森県）と，大都市圏の八王子市（東京都）の財政構造を計数的に比較するが，財政基盤の格差を埋めるための財政調整として国からの財政移転に注目する。既述のように，その財政移転には2つの種類があり，第1は，使途が特定されずに一般財源となる地方交付税であり，第2は，使途が特定される補助金である国庫支出金である。

　青森県の五所川原市[*]は津軽平野の中央に位置しており，2005年3月に旧五所川原市と金木町と市浦町が合併して新たな五所川原市（面積405平方km）となった。自然条件の最大の特徴は，冬期間の強い北西季節風と降雪であり，そのために，1960年代の日本の高度成長期から大都市圏への季節労働の出稼ぎが多くみられた。

　人口は，1960年に7.0万人であったのが，1980年には6.9万人，2000年には6.3万人に，2010年には6.1万人にまで減少している。

＊五所川原市（2007）の序章より。

さらに，その人口減少のなかで少子高齢化が進み，1960年に0〜14歳層が2.5万人（36%），15〜64歳層が4.2万人（59%），65歳以上層が0.3万人（5%）であったのが，2010年には0〜14歳層が0.8万人（12%），15〜64歳層が4.1万人（68%），65歳以上層が1.2万人（20%）になっている。

他方，八王子市は，東京都内の郊外である多摩地域に位置し，団地や新興住宅地を擁しており，多くの勤労者がJR中央線や京王帝都電鉄と小田急電鉄などで都心に通勤し，他方では大学や企業のコンピューターセンター等の施設が都心から移転している。人口は，1971年に26.2万人であったのが，1980年に38.1万人，1990年に45.7万人，2000年に52.0万人，2010年に55.1万人に増加している。

年齢階層別にみると，2010年に総人口55.1万人のなかで0〜14歳層が7.3万人（13%），15〜64歳層が36.5万人（66%），65歳以上層が11.3万人（21%）である。このように五所川原市でも八王子市でも急速に少子高齢化が進行しているが，両市の財政状況は対照的であった。

図表6.4.1で住民一人当たり歳入（2012年度決算ベース）について，全国都市平均，五所川原市，八王子市を比べてみよう。

第1に，歳入合計は全国都市平均が416千円，五所川原市が565千円，八王子市が333千円であり，五所川原市が全国平均より149千円も大きく，八王子市は逆に83千円も小さく，五所川原市が八王子市を232千円も上回っている。

第2に，自主財源の主柱である地方税をみると，全国都市平均が145千円，五所川原市が87千円，八王子市が157千円であり，五所川原市が全国平均より58千円も小さく，八王子市は逆に12千円

図表 6.4.1 八王子市と五所川原市の一人当たり歳入
（2012 年度決算）

(千円)

	八王子市	五所川原市	全国都市平均
歳入合計	333.0	564.9	416.4
地方税	157.1	86.7	145.2
市民税個人分	62.9	28.9	55.6
市民税法人分	11.5	6.3	12.7
固定資産税	60.6	38.4	57.9
たばこ税	6.1	9.3	7.0
都市計画税	11.8	1.5	8.4
地方譲与税	1.9	3.9	3.2
地方消費税交付金	10.7	9.4	10.0
地方交付税	11.7	202.8	57.5
国庫支出金	59.0	82.4	66.6
都道府県支出金	45.0	33.7	24.5
その他	25.4	39.1	70.8
地方債	22.3	107.0	38.7

出所）総務省（2014b）より作成。

も大きく，八王子市が五所川原市を 70 千円も上回っている。すなわち，五所川原市が歳入合計で 232 千円も大きいのに，地方税では八王子市を 70 千円も下回っている。

　第 3 に，地方交付税では五所川原市が 203 千円，八王子市が 12 千円であり，五所川原市が全国平均より 145 千円も大きく，八王子市は逆に 46 千円も小さく，五所川原市が八王子市を 191 千円も上回っている。また，国庫支出金では五所川原市が 82 千円，八王子市が 59 千円であり，五所川原市が全国平均より 15 千円も大きく，八王子市は逆に 8 千円も小さく，五所川原市が八王子市を 23 千円も上回っている。

　すなわち，第 4 に，五所川原市は八王子市に比べて自主財源の地

方税が半分程度であるが、それを補う以上に、国から地方交付税や国庫補助金が投入されているといえよう。

国庫支出金及び都道府県支出金の内容について、図表6.4.2で立ち入ってみよう。

第1に、国庫支出金では土木費に関連する普通建設事業の補助金が、五所川原市の15.2千円に対して八王子市は3.4千円であり、最も格差が大きいが、民生費の関連では生活保護費の補助金はほとんど差がなく、障害者自立支援や児童保護の補助金に格差がみられる。

第2に、都道府県支出金をみると、「国庫財源を伴うもの」のなかで民生費や土木費に関連する補助金では五所川原市の方が大きい

図表6.4.2 八王子市と五所川原市の一人当たり補助金
(2012年度決算)

(千円)

	八王子市	五所川原市	全国都市平均
国庫支出金	59.0	82.4	66.6
生活保護費	28.7	29.0	22.4
児童保護費等	3.8	8.3	3.6
障害者自立支援	7.0	12.9	6.6
子どものための金銭の給付交付金	11.4	9.7	11.6
普通建設事業費	3.4	15.2	3.4
その他	4.7	7.2	19.0
都道府県支出金	45.0	33.7	24.5
国庫財源を伴うもの	13.9	29.1	14.9
児童保護費等	1.9	4.2	1.0
障害者自立支援	3.5	6.2	3.1
子どものための金銭の給付交付金	2.4	2.1	2.4
普通建設事業費	1.5	4.7	1.5
その他	4.6	11.9	6.9
都道府県費のみのもの	31.1	4.5	9.6

出所）総務省（2014b）より作成。

が,「都道府県費のみ」の部分では八王子市がはるかに大きく，それは，前章でみたように，財政的に豊かな東京都からの財政支援で，八王子市が高度な福祉や教育の事業を実施できることのあらわれと思われる。

次に，上にみてきた複雑な仕組みで調達される財源によって実施される政策や事業について，図表 6.4.3（住民一人当たり歳出，2012年度決算ベース）で，全国都市平均，五所川原市，八王子市を比べてみよう。

第 1 に，歳出合計は全国都市平均が 403 千円，五所川原市が 552 千円，八王子市が 327 千円であり，五所川原市が全国平均より 149 千円も大きく，八王子市は逆に 76 千円も小さく，両市を比べると五所川原市が八王子市を 225 千円も上回っている。

第 2 に，公債費が，両市における一人当たり歳出の格差の最大要因であり，五所川原市が全国平均より 37 千円も大きく，八王子市

図表 6.4.3 八王子市と五所川原市の
一人当たり歳出（2012 年度決算）

(千円)

	八王子市	五所川原市	全国都市平均
歳出合計	326.6	552.4	403.2
民生費	155.8	167.3	144.2
衛生費	28.0	64.4	32.8
土木費	31.5	44.0	47.1
教育費	37.4	60.3	40.6
その他	48.0	135.2	94.3
公債費	26.0	81.3	44.3

出所）総務省（2014b）より作成。

は逆に 18 千円も小さく,五所川原市が八王子市を 55 千円も上回っている。もちろん,それは,これまでの両市の財政状況の格差が反映する債務残高に対する元利支払いである。

　第 3 に,2 番目に大きな要因は衛生費であり,五所川原市が全国平均より 32 千円も大きいのに対して,八王子市は 5 千円ほど小さいので,五所川原市が八王子市より 36 千円も大きく,それは,八王子市には,東京医科大学の八王子医療センターと東海大学医学部付属八王子病院が立地するのに対して,五所川原市では「つがる西北五広域連合西北中央病院」への繰出金が必要であったためである。

　第 4 に,興味深いのは,最大規模の民生費において,両市の格差は 12 千円にすぎないことである。図表 6.4.4 で民生費の内訳に立ち入ると,社会福祉や老人福祉では五所川原市が大きく,他方で,児童福祉では八王子市が大きく,八王子市の側に財政余力があり,前章でみたように,質量ともに豊かな子育て支援を実施できているからであろう。

図表 6.4.4　八王子市と五所川原市の一人当たり民生費（2012 年度決算）

(千円)

	八王子市	五所川原市	全国都市の平均
民生費	155.8	167.3	144.2
社会福祉費	37.7	47.0	33.0
老人福祉費	18.4	31.1	24.9
児童福祉費	61.1	51.9	51.5
生活保護費	38.6	37.4	31.5
災害救助費	＊	＊	3.3

備考）＊ 0.05 未満。
出所）総務省（2014b）より作成。

以上の五所川原市と八王子市の歳入及び歳出の両面における比較検討から次のことがいえる。五所川原市の経済社会条件の故に八王子市よりもはるかに弱い財政基盤であるにもかかわらず，他方では提供すべき公共サービスは割高になるので，それを賄うために国から地方交付税や国庫支出金という財政移転が厚く行われている。

　すなわち，第1章や本章でみてきた，国から地方公共団体への財政移転は，地域別に立ち入ってみると，与えられた経済社会条件の相違から生じる財政格差を埋める形で投入されているといえよう。

　このような福祉国家と財政調整メカニズムについて，林健久（[1992] 第6章）は次のように述べている。「福祉国家は必然的に中央集中型の財政をもたざるをえない」のであり，その原因として，「福祉国家が所得再分配的機能を中核とする」こととしている。「大規模に再分配を行う」には「それだけ大規模に中央政府に財源を集中することが必要になり」，「全国的な課税・徴税及び給付のネットワークが不可欠」なことが根拠となるというのである。

　しかし林健久は，もう一つの重要な要因も指摘する。「福祉サービスは福祉国家の成熟に伴って膨張していく分野であるとともに地方的，個別的な対応が必要な分野」でもある。「こうした生存権保障にかかわるサービスの水準は全国統一的たるべきことが求められるのに，それを実施するのには財政力格差が大きいとはいえ地方政府が適任であ」り，「前者からはむしろ中央集権型財政への志向が生じるが，後者を考慮すれば分権型が要求され」，「福祉国家が福祉国家である以上，この矛盾からはのがれられ」ず，「それどころかそれは福祉国家の進展でサービス水準が上昇すればするほど強ま

る」が,「この矛盾をとりあえず解決するのが財政調整制度である」というのである。

この現代福祉国家における地方財政の置かれた立場の矛盾とその解決策としての財政調整についての林健久の考え方にしたがえば,国からの地方交付税や補助金という財政移転が,財政力の弱い地方公共団体に対して相対的に厚く,強い地方公共団体には薄くというバイアスを有するのは,極めて合理的と理解できる。

しかし20世紀末あたりから,本書の第1章で述べたように,長期的に持続した経済成長が福祉国家の発展にとって追い風となるという20世紀的状況が消失して,21世紀にはグローバル化のいっそうの進展による国際競争の厳しさと,人口構成の超高齢化の2つの基本要因に規定されるという逆風が加速度的に強まった。本書で詳しくみてきたように社会保障システムのすべての分野で抜本的な合理化・効率化によるスリム化が強く要請されており,この第6章でみた地方財政の分野でも,20世紀の経済成長による豊かな増収を地方公共団体に分与するために構築された財政調整システムについて,21世紀的な状況に整合する方向と構造に向けて再編が進められている。

20世紀末からの日本における分権化の動きは,このような状況のなかで進められているものとして,理解すべきである。しかし,21世紀的状況からの要請は,単に中央政府の側に分与できる財政的余力が縮小したという消極的なものだけではない。むしろ,グローバル化と超高齢化による圧力の下で,人間にとって最低不可欠な生活条件を確保するという意味での基本的人権の物質的基盤を維持・確保することが,いっそう強く求められるという積極的な側面

が重要である。

 21世紀の本質的な資源制約のなかで,地方公共団体（地方政府）は,第1に医療・介護・高齢者福祉を中心に福祉国家の現場を担うことになり,第2に人口高齢化のもう一つの要因である少子化の対策として子育て支援策にも重点を置くことになる。当然のことながら,退職世代からは「年寄り切り捨て」という抗議が出てくる。

 それに対する21世紀の模範回答が,「人間回復のための分権化」である。分権化は,20世紀的な右肩上がりの成長経済がもたらす豊かな税収のぶんどりのためではなく,その成長経済のなかで喪失した人間性の回復のために主張されるべきである。自立と自律と自己責任である。国（中央政府）と都道府県及び市町村（地方政府）の間の権限のやり取りという政府間関係よりも,地方政府の側で権限を獲得するときに最大の根拠となる住民自治を,それぞれの現場の地域からの主体性を基礎として回復することである。

 上の退職世代の議論と結びつければ,退職後の地域住民として,自律と自立と自己責任の「小さな政府」を背負っていくのが,世代全体としての使命であろう。かつて1960年代にアメリカのケネディ大統領は国民に向かって,「国が何をしてくれるのかを聞く前に,自分が国のために何ができるのかを考えよう」と呼びかけた。おそらくそれは,東西対立の冷戦のなかで,社会主義陣営よりも強い軍事力を構築するだけではなく,社会主義システムよりも優越する市場と民主主義の経済社会を建設,維持するためであった。21世紀の現在では,冷戦は終了して,勝利したはずの市場と民主主義の経済社会がグローバル化による国際競争の激化と人口高齢化という要因によって20世紀型の福祉国家の根本的な転換を迫られており,

そのために，国民が，とりわけて退職世代が，「政府や社会が何をしてくれるのかを聞く前に，自分が社会のために何ができるのかを考えよう」と問われているのである。

このような大きな歴史的文脈に位置づけて21世紀の福祉国家システム再編を考えるべきであり，そのなかで地方公共団体の側の自立的，自律的な政策運営を基礎とする分権改革が進められるべきである。

あとがき

　この第 1 巻『福祉国家と地域と高齢化』で始まる新シリーズ「21 世紀の福祉国家と地域」は，2005 年にスタートした前シリーズ「福祉国家と地域」の成果を継承するものである。前シリーズでは，第 1 巻『地域と福祉と財政』(2005)，第 2 巻『地域経済と福祉』(2006)，第 3 巻『地域の医療と福祉』(2007)，第 4 巻『社会保障と地域』(2008)，第 5 巻『日本の福祉国家財政』(2008) を刊行した。

　前シリーズから新シリーズへ進むことになった理由は，第 1 に時代の進展とそれに伴う福祉国家についての危機感の深まりであり，第 2 にその危機感の先に，ある種の覚悟と進むべき方向が見えてきたことである。

　前シリーズでは，21 世紀初頭から振り返ると 20 世紀の日本福祉国家は意外に寛大な構造・仕組みになっているという発見があった。それは，20 世紀後半に福祉国家を構築して日本社会に定着させた基本条件が，21 世紀のグローバル化と高齢化によって急速に失われることを知って，そこから振り返るという視点からの発見であった。

　「ヨーロッパ諸国の先進的な福祉国家に比べると日本福祉国家は量的にも質的にも見劣りがする」とよく言われる。その評価は，日本福祉国家の各分野におけるいっそうの拡充を進めるためには，効果的なインパクトがあった。しかし，21 世紀初頭にふと立ち止まって振り返ると，戦後の高度成長による「豊かな社会」のなかで，皆年金・皆保険を主柱とする日本福祉国家はかなり寛大であることに気がついた。それは，すぐにやってくるベビーブーム世代の退職

と高齢化によって人口の高齢化傾向が強く深く進展するという確実な予測を前提とすると，20世紀型の寛大な構造を維持すれば，日本の福祉国家財政は確実に破綻するという危機感からであった。

20世紀型福祉国家が寛大な構造を有するという「再発見」は，日本の社会福祉の関係者や研究者には不評であろうと覚悟しながら，前シリーズの上記5冊を刊行した。「20世紀の福祉国家は寛大な構造であり，21世紀の高齢化とグローバル化による圧力の強まりの中で福祉国家をスリム化する必要がある」という姿勢は，まさにアメリカの市場主義や新自由主義や保守主義の御先棒担ぎであると非難されるかもしれない。

しかし，ベビーブーム世代の私（このあとがきの執筆者である渋谷）は，21世紀に確実に頼ることができる福祉国家を維持しておかないと，自分の老後だけではなく，子ども世代や孫世代のことが心配である。

新シリーズの第1巻に続けて刊行される第2巻『グローバル化と福祉国家と地域』で詳しく取り上げる小説『蕨野行』（村田喜代子著）のなかでは，江戸時代の農村「押伏村」の60歳以上の引退世代は「姥捨て」の身になるが，彼らの心情は以下のごとくであった。

「ワラビとなりて人の世を捨てたのも，わが子，我が孫だちに腹干させまいとおもうゆえなり。孫と子が飢えなば，野入りの甲斐も無えか。」

私のようなベビーブーム世代は，これから21世紀の時間が進むにしたがって，まさに「団塊」年寄り集団となるので，『蕨野行』の年寄りと同様に，「里の子や孫」が生き残ってくれという願いを込めながら，自分たちで自立的なコミュニティを再構築して，日本

の福祉国家を持続可能な大きさにとどまるように努力し、さらに子育て世代にも恩恵のある形にする必要がある。

かなりのスピードで進む高齢化による年金や医療や介護の分野における膨張圧力に対して、できるだけその膨張スピードを緩めるためのブレーキをかけておかないと、福祉国家が日本社会の能力を越えて膨張して、福祉国家も日本社会も破綻するかもしれない。日本社会と福祉国家が持続可能な関係を維持するためには、ベビーブーム世代のための年金や医療や介護に回す資源をできるだけ抑制して、グローバル化の厳しい状況下で働く現役世代の福祉、さらにはその次の世代のための子育て支援策にも経済資源を回しておく必要がある。

21世紀の強い資源制約のもと、退職後のベビーブーム世代は、地域住民として自立と自律と自己責任の「小さな政府」を背負っていくのが、世代全体としての使命である。そして、地域の自立的なコミュニティが再建され、それを基盤として力強い地方分権の社会システムを確立するのは、上に述べた方向の福祉国家の再編という目的を実現するためである。

小説や映画の『蕨野行』の人気がますます出ているのは、主人公たちの自立的な生き方が実に潔く、またその潔い生き方が、「子や孫たち」の地域コミュニティの存続を願う「ジジババ」の人間的な温かさを秘めているところが、たまらないほどに愛おしい思いを抱かせるからであろう。

21世紀の困難のなかで日本社会が向かうべき方向について、上記のような問題意識をもって勉強し、そこで得られた成果を広く国民とりわけて若い世代に提供したいという願いが、新シリーズ「21

世紀の福祉国家と地域」には込められている。

　最後になったが，出版事情が厳しいなか，この新シリーズ「21世紀の福祉国家と地域」をスタートさせるに際して，ふたたび引き受けてくださった学文社の稲葉由紀子氏に心から感謝したい。

　2009年10月31日

渋　谷　博　史

改訂版に寄せて

　2009年に新シリーズ「21世紀の福祉国家と地域」の第1巻として本書が刊行されてから5年が経ち，この間に4刷まで刊行される幸運に恵まれた。すぐ上にある2009年10月末日付けの「あとがき」に書いたように，その新シリーズは，2005年にスタートした旧シリーズ「福祉国家と地域」（全5巻）の成果を継承するものであった。

　その第1巻の改訂版を敢えて私の単独執筆に切り替えたのは，ベビーブーム世代の私が65歳になりいわゆる高齢者に分類されて，さっそく介護保険の第1号被保険者としての保険証が送付されてきたのを機会として，旧シリーズ，新シリーズを貫徹する問題意識，すなわち，「20世紀の福祉国家は寛大な構造であり，21世紀の高齢化とグローバル化による圧力の強まりの中で福祉国家をスリム化する必要がある」という危機感を一層強めたからである。「ベッドや車いすに縛り付けられて紙オムツの世話になるような文明社会」から「蕨野行」の里に逃れたいと思うが，21世紀日本社会の現実の中にどのように具体化できるのか，提言も予見もできないことを詫

びるしかない。

　できることならば多くの若い世代と，本書を使って勉強し，議論したいと願う次第である。

　最後になったが，新シリーズ「21世紀の福祉国家と地域」の第1巻である本書の改訂版と並行して，第3巻の『21世紀日本の福祉国家財政』第2版，第4巻の『福祉国家と地方財政』の刊行作業も進めてくださっている，学文社の落合絵理氏に心から感謝したい。

　2014年6月28日

渋 谷 博 史

引用・参考文献

市川健太（2013）『図説日本の財政（平成 25 年度版）』東洋経済新報社
岡本祐三（1996）『高齢者医療と福祉』岩波書店
加藤悦子（2005）『介護殺人』クレス出版
厚生労働統計協会（2013a）『保険と年金の動向　2013/2014』
厚生労働統計協会（2013b）『国民の福祉と介護の動向　2013/2014』
厚生労働省（2007）『厚生労働白書（平成 19 年版）』
厚生労働省（2008）『厚生労働白書（平成 20 年版）』
厚生労働省（2012）「平成 22 年度　国民医療費の概況」
厚生労働省（2013a）『厚生労働白書（平成 25 年版）』
厚生労働省（2013b）「第 19 回医療経済実態調査（保険者調査）」
厚生労働省（2013c）「厚生統計要覧（平成 25 年度）」
厚生労働省（2013d）「平成 23 年度　国民医療費の概況」
厚生労働省（2014）「平成 24 年度　介護保険事業状況報告（年報）」
国立社会保障・人口問題研究所（2013）「平成 23 年度　社会保障給付費」
財政調査会（2013）『平成 24 年度　國の予算』大蔵財務協会
渋谷博史（2005）『20 世紀アメリカ財政史』（Ⅰ，Ⅱ，Ⅲ）東京大学出版会
渋谷博史編（2008）『日本の福祉国家財政』学文社
渋谷博史（2014）『21 世紀日本の福祉国家財政　第二版』
渋谷博史・櫻井潤・塚谷文武（2009）『福祉国家と地域と高齢化』学文社
渋谷博史・樋口均・櫻井潤編（2010）『グローバル化と福祉国家と地域』学文社
渋谷博史・丸山真人・伊藤修編（2001）『市場化とアメリカのインパクト』東京大学出版会
渋谷博史・水野健二・櫻井潤編著（2007）『地域の医療と福祉』学文社
スミス，A.（1776）『国富論』（水田洋監訳，杉山忠平訳，岩波文庫，2000 年）
全国健康保険協会（2013）「平成 24 年度　決算報告書」
総務省（2012）「地方財政関係資料（平成 24 年 2 月）」
　http://www.soumu.go.jp/main_content/000150449.pdf
総務省（2013）『地方財政白書（平成 25 年版）』
総務省（2014a）『地方財政白書（平成 26 年版）』

総務省 (2014b)「平成 24 年度　市町村別決算状況調」
総務省 (2014c)「平成 24 年度　都道府県別決算状況調」
田中角栄 (1972)『日本列島改造論』日刊工業新聞社
東京都社会福祉協議会, 藤井賢一郎監修 (2013a)『介護保険制度とは… (改訂第 12 版追補)』
東京都社会福祉協議会 (2013b)『障害者総合支援法とは…』
内閣府 (2012)『高齢社会白書 (平成 24 年版)』
内閣府 (2013a)『高齢社会白書 (平成 25 年版)』
内閣府 (2013b)『国民所得経済年報 (平成 25 年版)』
内閣府 (2013c)『少子化社会対策白書 (平成 25 年版)』
内閣府 (2013d)『障害者白書 (平成 25 年版)』
中村稔編 (2012)『図説日本の税制 (平成 24 年度版)』財経詳報社
西田安範 (2012)『図説日本の財政 (平成 24 年度版)』東洋経済新報社
長谷川千春 (2010)「国民皆保険システムのほころび」(渋谷博史他編 (2010) 所収)
八王子市 (2007)『八王子市くらしの便利帳』
八王子市 (2013)『平成 24 年度　主要な施策の成果・事務報告書』
林健久 (1973)「日本財政の経費構造」(林健久・貝塚啓明編『日本の財政』東京大学出版会所収)
林健久 (1990)「二つの財政理念：スミス的と福祉国家的」『経済学論集』(東京大学) 第 56 巻第 4 号
林健久 (1992)『福祉国家の財政学』有斐閣
ボワイエ, R. (2001)「パクス・アメリカーナの新段階」渋谷・丸山・伊藤 (2001) 所収

索　引

あ行

遺族及び留守家族等援護費	95
一般診療医療費	56
医療従事者等確保対策費	94
医療提供体制確保対策費	94
医療提供体制基盤整備費	95
医療扶助	98, 101, 103-105
映画「故郷」	11
映画「ジョンQ」	50
遠距離介護	4
嚥下	77
オイルショック	10
大内兵衛	91, 93, 96, 107
おむつ給付	108, 137
親孝行	3, 4

か行

介護殺人	76
介護サービス	19, 59, 126
介護認定審査会	79
介護納付金	66, 86
介護扶助	98, 101, 103-105
介護保険法	4, 76
介護保険料	82
介護療養型医療施設	82
介護老人福祉施設	79, 82
介護老人保健施設	79, 82
皆保険	51, 52, 58, 60, 63, 68
核家族化	44, 45
火葬許可証	128
火葬許可申請書	128
過疎	8, 9, 44, 142
学校給食費	140
可燃ごみ	125
過密	8, 9
感染症対策費	94, 95
感染症予防法	95
基準財政収入額	132
基準財政需要額	132
基礎的な地方公共団体	130, 132, 134
基礎年金	34, 35, 37, 43, 46
基礎年金勘定	36, 37, 40
義務教育の教員の人件費	140
旧軍人遺族等恩給費	95
強制適用事業	40
共同事業交付金	67
拠出記録	29-32, 48
居宅介護支援事業者	79
緊急通報システム	137
くらしの便利帳	122, 124
ケアプラン	80
ケアマネジャー	79, 84
ケネディ	150
健康で文化的な最低限度の生活	6, 7, 92, 107
健康保険法	68
原子爆被爆者手当交付金	95
原爆被爆者等援護対策費	94, 95
原爆被爆者医療費	95
広域の地方公共団体	132, 138
公害	9
高額医療費	67
高額療養費	64
高額療養費支給制度	58
高額療養費助成制度	98
後期高齢者	13-15, 19, 53-55, 72, 87-90
後期高齢者医療広域連合	71
合計特殊出生率	18
厚生年金勘定	36, 40
高齢者緊急通報システム	126
高齢者のいる世帯	74, 75
国民健康保険特別会計	66, 86, 136
国民健康保険法	63
国民年金勘定	36, 37, 40
国民の自主的責任	92, 93, 107
国立医療機関運営費	94, 95
国家扶助	92, 93
国庫支出金	86, 110, 114, 118, 129-132, 136, 138, 139, 141, 142, 144, 145, 148

国庫負担	28, 63, 86, 94	前期高齢者交付金	66
子ども・子育て支援法	115	全国健康保険協会	62
雇用主提供医療保険	50, 51	葬祭費	64

さ行

た行

財源移転	131	大都市圏	44, 142
財源調整機能	131	太平洋ベルト地帯	9
財源保障機能	131	田中角栄	7, 21
財政移転	94, 141, 148, 149	他の公費負担	28, 87, 94, 95
三種混合	125	地域包括支援センター	84, 126
歯科診療医療費	56	地方交付税	28, 129-131, 138, 139, 142, 144, 145, 148
市場と民主主義の経済社会	2		
施設介護	79	地方自治法	121, 138
施設事業者	79	通所介護	79
下請け企業	10	つがる西北五広域連合西北中央病院	147
児童手当	118, 119	デイサービス	79
児童福祉法	114-116	出稼ぎ	8, 142
社会資本整備総合交付金	132, 139	デモクラシー	92
社会主義	2	東海大学医学部付属八王子病院	147
社会主義陣営	8, 150	東京医科大学八王子医療センター	147
社会的入院	59, 60, 104, 105	特定補助金	132
社会保険診療報酬支払基金	71, 84-87	土建国家	21, 23
社会保障基金	20, 21, 23, 24	都市化	44, 45
社会保障制度に関する勧告	91	都支出金	110, 114, 118, 136
社会連帯	4	都道府県支出金	87, 141, 145
自由主義陣営	7		

な行

重度心身障害者日常生活用具給付費	113	ニクソン	8
住民の福祉の増進	121, 122	日本国憲法	6, 99, 107, 115, 121, 142
受給開始年齢	45, 47	日本列島改造論	7, 21
出産育児一時金	64, 69	乳幼児医療費助成	118
出産手当金	64, 69	任意適用事業所	40
障害者基本法	109	妊婦健康診査受診	124
障害者自立支援	113, 136, 145	年金制度の成熟	20, 30, 31
障害者自立支援給付費等負担金	132	年金特別会計	36, 37
障害者自立支援費	110	年金の受給権	29
障害者地域生活支援	110, 113	納税者	1
傷病手当金	64, 69		

は行

自立支援プログラム	106	徘徊	77
シルバー人材センター	108, 136	パクス・アメリカーナ	8
身体障害者手帳	126	パートタイム	36, 50
生活保護法	96, 99	バブル崩壊	17, 57, 60
生存権	92, 107	非大都市圏	44
前期高齢者	13, 88	標準報酬月額	62, 69

費用負担者	1	マクロ経済調整	55
ファシズム	2	無職	28, 36
不燃ごみ	125	無保険者	51
部門間移転	23, 24, 129	**や行**	
平和国家	5	薬局調剤医療費	56
へき地対策	95	豊かな社会	2, 3, 5, 6, 12, 44, 50, 57, 108
ベトナム戦争	7	ゆりかごから墓場まで	124, 128
保育サービス	117, 118	要介護認定	79, 126
訪問介護	79	吉田茂	91
保護者負担金	118	**ら行**	
保護の補足性	96	臨時工	10
母子健康手帳	124	老人医療費無料化	58
母子世帯	102	老人クラブ	126, 137
補足性の原理	96	老人保健制度	71
ま行		老人保健法	71
埋葬許可証	128	老老介護	4, 76
マクロ経済スライド	48, 49		

著者紹介

渋 谷 博 史（しぶや ひろし）
東京大学名誉教授　経済学博士
主要業績
（単著）『20世紀アメリカ財政史』全3巻（2005）東京大学出版会
（共編著）*Japanese Economy and Society under Pax-Americana* (2002) University of Tokyo Press.
（共編著）『日米の福祉国家システム』（1997）日本経済評論社
（共編著）『福祉国家システムの構造変化』（2001）東京大学出版会
（共編著）シリーズ「福祉国家と地域」（2005-2010）学文社
（共編著）シリーズ「21世紀の福祉国家と地域」（2009- ）学文社
（監修）シリーズ「アメリカの財政と福祉国家」全10巻（2006-7）日本経済評論社
（監修）シリーズ「アメリカ・モデル経済社会」全10巻（2010-11）昭和堂

その他多数。

21世紀の福祉国家と地域　1

福祉国家と地域と高齢化 ［改訂版］

2009年12月10日　第一版第一刷発行	◎検印省略
2014年 9月10日　改訂版第一刷発行	
2017年 1月30日　改訂版第四刷発行	

著　者　渋谷博史

発行所	株式会社 学文社	郵便番号　153-0064 東京都目黒区下目黒 3-6-1
発行者	田中千津子	電　話　03(3715)1501代 振替口座　00130-9-98842

ⓒHiroshi SHIBUYA 2014　Printed in Japan
乱丁・落丁の場合は本社でお取替します。　　印刷所　シナノ
定価はカバー・売上カードに表示。

ISBN 978-4-7620-2466-5

▶21 Century Welfare State & Local Society

シリーズ▶ 21世紀の福祉国家と地域

(各巻 四六判 上製)

②グローバル化と福祉国家と地域

渋谷博史・樋口均・櫻井潤 編

1,800円（本体価格） ISBN978-4-7620-2067-4 184頁

グローバル競争での経済余力の低下と高齢化による福祉国家膨張。このような時代の、分権的な地域社会のあり方を問う。地域経済、過疎自治体、原子力発電所、社会保険、医療、地域財政等を考察。

③21世紀日本の福祉国家財政【第二版】

渋谷博史 著

2,100円（本体価格） ISBN978-4-7620-2463-4 232頁

財政規律を回復し、福祉国家を再生するために、租税と社会保障の構造的な関連を解明。グローバル化と人口減少と超高齢化の下での福祉国家財政とは。

④福祉国家と地方財政

渋谷博史・根岸毅宏・塚谷文武 著

1,800円（本体価格） ISBN978-4-7620-2462-7 160頁

福祉国家システムをになう地方財政とは。日本国憲法に規定される福祉国家の現場を担う地方公共団体や、地域間格差を均す財政調整メカニズムを身近な実例を使ってわかりやすく検討。